Técnicas prácticas de venta y negociación

Francisco J. Ruiz Torre

Índice

LA VENTA 5
- **Clases de vendedor** 6
- **El éxito en la venta** 8
- **Venta por las palabras** 9
- **¿Se puede mejorar en ventas?** 15
- **Cambios en el lenguaje** 16

TÉCNICAS DE VENTA *18*
- Concertación telefónica 23
- La carta 28
- Email 29
- La entrevista personal 34
- Análisis tras entrevista con clientes 35
- Venta Consultiva o de asesor 38
- Precipitación 63
- Características, ventajas y beneficios 65
- Objeciones 69
- Cierre 78
- Venta de ciclo largo o venta "compleja" 91

TÉCNICAS DE NEGOCIACIÓN *97*
- **Qué es la negociación** 98
- **Características del buen negociador** 99
- **Tipos de estrategias** 99
- **Tipos de negociador** 100
  - La Negociación Dura 100
  - La Negociación Blanda 101
  - La Negociación Conciliadora 101
  - La Negociación por principios 102
- **Principios de la negociación Harvard** 105
  - Separar las personas de los problemas 105

    Centrarse en los intereses más que en las posiciones 106
    Extraer opciones para un beneficio mutuo 108
    Que los criterios sean objetivos 110

Métodos para negociar **112**

Consejos para la negociación **116**

Artimañas de negociación **117**
    1. Recompensa futura. 118
    2. El anzuelo. 119
    3. La rueda. 119
    4. La ilusión del pedido. 120
    5. Interlocutor no adecuado. 121
    6. La buena voluntad. 121

Algunos obstáculos para la negociación **122**
    1.- Falta de reflexión 122
    2.- Percepción 123
    3.- Emociones 123
    4.- Comunicación 125
    5.- "Status quo" posicional 125
    6.- Pérdida de poder 126

Saltar los obstáculos **126**

OTRAS TECNICAS ***136***

Análisis transaccional con clientes **137**
    Estado de PADRE 137
    Estado de NIÑO 138
    Estado de ADULTO 138
    Tipos de vendedor 140
    Cómo actuar 141
    Tipos de transacciones 142

Rapport **150**
    Qué es el Rapport 150
    Cómo conseguir la sintonía 151
    El proceso del Rapport 152
    Técnica del Rapport 153
    Consejos para un buen Rapport 155

Proxemia **156**

ANEXO I ***158***
    Auto-auditoría del vendedor 158
ANEXO II ***167***
    Ejercicios sobre venta consultiva..167
    Ejercicio: los 3 estados del A. Transaccional 170
ANEXO III ***171***
    Ejercicio "Entrevista con el cliente" 171
ANEXO IV ***174***
    Guía ante objeciones en "llamadas frías" 174
ANEXO V ***178***
    Consejos sobre ventas 178
ANEXO VI ***220***
    Auto-test sobre negociación 220
ANEXO VII ***222***
    Bibliografía 222
ANEXO VIII ***224***
    Curriculum Vitae del autor 224

LA VENTA

Tal como escribí en mi libro "EL LIBRO ROJO DEL DIRECTOR COMERCIAL", si tienes un perfil adecuado y estás ya en la venta o con intención de entrar en ella, es importante que sepas que

"LA VENTA NO ES MÁS QUE RELACIÓN CON LAS PERSONAS"

Venta cara a cara, venta telefónica, etc., todos son procesos en que interaccionan personas donde uno está interesado en vender y otro terminará comprando (convencido o no, eso es otro cantar). Por eso, el vendedor debe ser un experto en la relación con las personas.

No estoy diciendo que deba ser muy simpático o empático. No. Lo que debe ser es experto en identificar las sensaciones y señales que arrojan los clientes y saber encaminarlas para que se emparejen con lo que nuestro producto en venta pueda satisfacer.

También debe ser experto en identificar los verdaderos compradores y, si hay más de uno, saber trabajar con cada uno de ellos identificando a qué dan importancia y la solución que debamos aportar a cada uno de ellos.

Tras esto, si eres ya vendedor y no tienes mucho éxito, tal vez tengas que reflexionar sobre cómo te relacionas porque, igual, no estás en el puesto adecuado.

Démonos cuenta de que no he hablado nada del producto a vender. Eso viene luego. Un buen vendedor, si lo es, debe saber vender zapatillas, aviones o proyectos intangibles. Por supuesto que debe conocer la parte técnica del producto a vender pero eso es lo "fácil".

Clases de vendedor

Veamos los 2 tipos de vendedores a los extremos de un vendedor que podríamos llamar "normal":

El vendedor Fracasado

1 – Le gusta hablar mucho (apabulla al cliente, no sabe escuchar).

2 - Presiona al cliente para que compre.

3 - Solo prioriza el cierre.

Los vendedores Estrella

1 – Son asesores de compra, no engañan al cliente, se ganan la confianza del mismo.

2 - Priorizan el análisis del cliente, lo conocen y le solucionan sus problemas.

3 - Son seguros de sí mismos porque tienen conocimiento del producto, de la competencia y del cliente.

4 – Son perseverantes y aguerridos, tienen claro que las objeciones son algo natural y que hasta el cuarto no, no empieza el juego.

5 - Se planifican, no improvisan, manejan bien la agenda.

6 - Tienen claro sus objetivos, saben cuántas llamadas y entrevistas tienen que hacer por día para alcanzarlos.

7 - Tienen buena llegada, son buenos comunicadores, saben escuchar y leer el lenguaje corporal del cliente.

8 - Usan siempre elementos visuales en apoyo de la venta.

9 – El cliente y su problema son los protagonistas de la entrevista, no el vendedor, ni su empresa, ni su producto.

10 - Al cliente siempre le queda claro en que cambia su vida al usar el producto.

11 - Buscan el cierre de la venta.

Los buenos vendedores saben escuchar al cliente y, por eso, antes de lanzar se a hacer la venta de su producto, se preocupan por ver qué es lo que necesita el cliente para mejorar.

Ese es el quid de la cuestión: cómo hacer que el cliente mejore, bien él mismo, su producto, su proceso, su propio posicionamiento, su coste, etc. Si acertamos con ello y podemos darle solución con lo que ofrecemos habremos acertado y amarrado una cuenta para largo plazo.

Hablamos de "creación de valor" para el cliente, valor real y percibido y necesitado por el cliente.

Para tu conocimiento, el vendedor "totalmente estrella" no existe y, si nos acogemos al dicho de "Lo mejor es enemigo de lo bueno" no se trataría de ponernos como objetivo ser vendedores estrellas o dejar la profesión. No. Hay que ser buenos profesionales, formarse, replantearse siempre si lo podríamos haber hecho mejor (humildad), preguntar la opinión de los demás y estar abierto a aprender y mejorar y no como aquel que "ERA UN VENDEDOR TAN BUENO TAN BUENO QUE ASCENDIÓ HASTA EL LÍMITE MÁXIMO DE SU INCOMPETENCIA".

Sencillez, humildad, cliente y trabajo.

El éxito en la venta

¿Qué es vender?

- Ganar la confianza del cliente.
- Determinar sus necesidades.
- Satisfacerlas con beneficios.
- Proponer la solución adecuada.

Parece sencillo lo anterior pero es lo que diferencia al vendedor amateur del profesional de nivel.

Se trata de ponerse en el papel del cliente (empatía) y detectar y sentir cuáles son sus problemas, qué es lo que necesita y si podemos satisfacerlas con aquello que nosotros vendemos o podríamos juntar para vender (unir lo nuestro con lo de otros para aportar una solución completa).

Todo ello implica olvidarse de realizar primero la venta de lo nuestro y ver cómo encaja en el cliente. No digo que no haya ocasión de que eso pueda ocurrir y se venda de forma continuada pero una mentalidad hacia lo que el cliente necesita es un básico en el mundo competitivo de hoy.

Venta por las palabras

Hay quien dice que

"Vender es decir las palabras adecuadas de la forma adecuada en el momento adecuado"

Y esto, ¿cómo se consigue? Mediante un método de interacción con el cliente en 5 fases:

1. Atención.
2. Interés.
3. Convicción.
4. Deseo.
5. Cierre.

Vamos a ver cada una de ellas:

1.- ATENCIÓN

Se trata de lograr la atención del prospecto para bajar el "puente de la comunicación".

Y esto, ¿cómo se logra?

- Modulando la voz.
- Con el lenguaje corporal.
- Generando sorpresa en nuestra presentación.

Hablamos de modular la voz, con altos y bajos, al modo que los sacerdotes y predicadores hacen, dando más énfasis a una partes de la frase que a otra y produciendo tonos de sorpresa, etc. que, además de despertar al interlocutor, le hacen que se fije en aquellas partes de nuestra frase que nos interesan. Incluso diciendo una palabras y, entonces, parar unos instantes para ganar su atención.

El lenguaje corporal se refiere al movimiento de tu cuerpo, de tus manos y brazos, incluso el movimiento. Es la diferencia entre una persona proactiva y un maniquí. Un maniquí no vende, no transmite y una persona con un buen lenguaje corporal anima al interlocutor y sabe generar un énfasis en aquella parte de su mensaje que más le interesa.

En cuanto a la sorpresa, poco hay que explicar. Los clientes están saturados de visitas y en el poco tiempo que a veces nos conceden tenemos que meter una buena puntada para que nos abran la puerta hacia poder mostrar lo que vendemos. Si todo es tedio, si somos aburridos, si sonamos a "vendedor", no tendremos nada que hacer.

Escuché a Alex Dey un ejemplo de sorpresa que me gustó bastante. Era referente a un vendedor de cristal de seguridad.

Cuando llegaba al cliente, tras una breve presentación, ponía el cristal encima de la mesa y le decía al cliente: "¿Está preparado? Entonces sacaba de su maleta un martillo y empezaba a pegarle golpes al cristal con violencia.

El cliente, asustado, y entonces el vendedor le dice al cliente: "¿Ha visto Ud.? Ni un rasguño. Es cristal de alta resistencia, calidad total".

Te aseguro que el cliente ya tenía preparada toda su atención para el vendedor.

No es que los primeros contactos con los clientes deban ser tan violentos pero casi. Y, sobre todo, no ser monótonos en nuestras presentaciones a los clientes.

Os recomiendo escuchar audios o ver vídeos de Alex Dey pues es un experto en ventas y comunicación, y muy ameno en lo que explica, además de tener un gran conocimiento en ventas.

2.- INTERÉS

Una vez captada la atención del cliente, se trata de despertar su interés con nuestras soluciones imaginativas o propuestas interesantes.

No vale con ser despertadores de sensaciones si luego lo que presentamos al cliente no le va a interesar nada. Para eso, ¿para qué le molestamos?

Este es un problema serio de muchas empresas, que no aportan nada a los clientes y quieren forzar la venta pues lo que ofertan, de por sí, no aporta ningún beneficio claro para el cliente, por lo que este no va a tener ningún interés para él.

3.- CONVICCIÓN

El cliente tiene un primer interés y, tras la presentación, debe estar realmente convencido de que lo que le ofertamos y decimos realmente satisface su necesidad.

No es que lo ofertado sea bueno porque lo creemos o decimos nosotros sino porque aporte al cliente: porque es buena inversión, porque lo necesita, porque es una seguridad para él, etc.

Una buena idea y herramienta de venta es reafirmar lo positivo de la solución que ofertamos contando al cliente nuestras referencias en otros clientes y cómo se han beneficiado ellos de nuestra solución.

Incluso, en algunos sectores, invitar al cliente a visitar a otros clientes para que certifique in situ preguntando al otro cliente.

4.- DESEO

Se trata de provocar o animar el deseo, por parte del cliente, de aceptar el mensaje que le decimos; o de aceptar lo que le ofertamos, sea producto, servicio o solución.

¿Y cómo lo conseguimos? Pues aportando beneficios y mejoras que el cliente va a lograr con nuestra oferta.

Y no solo beneficios, sino que también el cliente lo interiorice con preguntas del tipo siguiente:

"¿Qué le parece a Vd. esto?"

"¿Está bien, verdad?"

5.- CIERRE

Esto lo dejamos para más adelante, cuando lo veamos en profundidad.

¿Cómo se logra la venta?

- No haciendo primero la venta del producto.
- Haciendo preguntas correctas.
- Escuchando.

También suena fácil y sencillo. Sin embargo la mayor parte de los vendedores (y las personas en sus relaciones) se preocupan más de soltar lo suyo que preguntar con paciencia qué es lo que quiere el otro. Se trata de preguntar y escuchar. Se trata de escuchar pues mientras hablamos no nos estamos enterando de lo que quiere el cliente. Pero la escucha debe ser "activa" tal como se explica más adelante en este libro, una escucha destinada a que la venta tenga lugar.

Si ya sabemos preguntar, escuchar y detectar necesidades ya tenemos recorrida la mayor parte del camino hacia la consecución de la venta. Ahora, habría que tener en cuenta otros aspectos para que, entre todos, el éxito de la venta se pueda asegurar.

Tomemos el éxito de la venta como una ecuación resultante de la multiplicación de varios factores:

$$\%EXITO = 1\% \times 2\% \times 3\% \times 4\% \times 5\%$$

Vamos a ver qué es cada parte:

- 1 **P**oder de decisión: Nuestro interlocutor en el proceso deberá ser aquella persona que va a tomar la decisión. Parece evidente pero muchos vendedores gastan un montón de su tiempo relacionándose, entrevistándose, comiendo u ofertando a personas que no son fundamentales en el proceso de decisión, muchas veces, por miedo a acceder a esa persona. Así, se justifican ante su jefe de que están trabajando mucho por esa venta y es papel de su jefe tener claro si su vendedor está llevando el proceso correctamente y si interacciona con los interlocutores apropiados.

- **2 Importancia para el que decide:** No hay venta si de lo que se está tratando no es una necesidad explícita para el cliente quien tiene asignado o consentido presupuesto para su adquisición o ejecución y está decidido a hacerlo ya (está en momento real de compra).

- **3 Valor aportado por nuestra solución:** Hablaremos más adelante del Valor aportado que es aquello que le hace al cliente caminar un paso adelante y mejorar bien en su producto propio, en su proceso o en su posicionamiento en su propio mercado respecto a su competencia. El poder vender un valor añadido que otros no venden es un carácter distintivo para establecer relaciones a largo plazo con los clientes.

- **4 Diferencia de nuestra solución respecto a la competencia:** Hablamos de valor y, además, debe ser un valor diferenciado que nos permita no competir solo en precio.

- **5 Control sobre la decisión de compra:** De nada vale aportar un valor diferenciado en una operación real de compra si no tenemos un control comercial de las diferentes fases por las que el cliente pasa hasta firmar el compromiso de compra. Debemos tener control tanto cuando el cliente inicia su proceso de estudio de alternativas (incluso antes), cuando estudia esas alternativas, selecciona candidatos, decide entre alternativas, compra y sigue luego tras la compra.

Como en matemáticas, el resultado depende de los factores y cuanto mayor sea cada porcentaje mayor será la probabilidad de conseguir esa venta.

Un buen profesional es un científico de las necesidades y la relación con sus clientes.

¿Se puede mejorar en ventas?

- El 45% de los vendedores renuncian a la operación tras solo un intento de seguimiento de ella.
- Un vendedor promedio solo realiza 2 intentos para conseguir un cliente.
- El 80% de las ventas requieren un promedio de 5 llamadas de seguimiento tras la visita.
- El 75% de los clientes expresan que han concedido una cita o han asistido a un evento proveniente de un email o llamada fría.
- Solo el 33% del tiempo del vendedor está dedicado a vender activamente.
- El 50% del tiempo de ventas se dedica a realizar prospección sin ningún fruto.
- Los vendedores ignoran el 50% de las referencias que les llegan.
- Un vendedor promedio realiza 8 llamadas por hora y dedica 6 horas de prospección para conseguir una cita.
- El 50% de las referencias que llegan a un vendedor son cualificadas en positivo por él pero realmente los clientes no estaban en momento de compra.
- Los clientes piensan que los vendedores son conocedores del producto en un 85% y expertos en ventas en un 25%.

Cambios en el lenguaje

"Las palabras que una persona usa no solo afectan la forma en la que los demás la perciben, sino que también tienen el potencial para incidir en su comportamiento y ayudarle a tener más éxito"
(libro "The Achievement Habit", de Bernard Roth, profesor de ingeniería de la Universidad Stanford)

Hay que cambiar la forma de hablar para ser más proactivo. Te recomiendo dos cambios:

1. Cambia "PERO" por "Y"

En vez de decir:

*"Quisiera hacer más visitas **PERO** no tengo tiempo para hacer más llamadas"*

Deberías decir

*"Quisiera hacer más visitas **Y** no tengo tiempo para hacer más llamadas"*

¿Por qué este cambio?

- Cuando utilizas la palabra PERO, creas un conflicto, a veces una razón, que en realidad no existe. En otras palabras, es posible visitar a los clientes y también hacer llamadas, solo tienes que encontrar una solución para hacer las 2 cosas.

- Cuando utilizas la palabra Y, estás obligando a tu cerebro a procesar ambas partes de la frase. Quizás hagas visitas más útiles, organices mejor tu tiempo o delegues en otro las llamadas.

2. Cambia "TENGO QUE HACER" por "QUIERO HACER"

En vez de decir

"Tengo que hacer más visitas".

Deberías decir

Quiero hacer más visitas".

Hay que tomar consciencia de que lo que haces en tu vida, incluso las cosas que encuentres desagradables, porque es lo que has elegido".

Debes analizar si el beneficio de realizar una labor es mayor que la incomodidad que supone realizarlo. BENEFICIO vs ESFUERZO

Cuando utilizas un lenguaje diferente, desafías a tu forma de pensar, puedes percibir las cosas como son y ver que un problema no es tan difícil de resolver como parece y que tienes más control sobre tu vida de lo que realmente crees.

TÉCNICAS DE VENTA

¿Cómo te formas para ser un buen vendedor?

Hay dos fases: la primera es toda una formación básica sobre las diferentes fases y aspectos de la venta acompañada de técnicas apropiadas y una segunda fase donde, acorde al trabajo o sector en que te toque actuar, deberás aprender o limar aquellos conceptos que se necesiten adaptar para ese específico trabajo o sector.

Si eres novato tienes a continuación toda una serie de lecciones de formación en los aspectos de la venta. Si no lo eres, puedes leerlo para contrastar con tu conocimiento y limar asperezas.

Cuando tengas experiencia, verás que en las empresas a un comercial y, antes de haber demostrado nada, se le rodea de un paquete de formación estándar que, generalmente, no le aporta nada, sobre todo si el que imparte la formación es también el estándar de siempre.

Como no podrás rechazar esa formación asúmela y discute con el profesor aquello que no entiendes. Con esto, fórmate también en el exterior pues de todo aquello que aprendas comerás en el futuro.

Cuando estés trabajando y notes que tienes una carencia o que hay algún compañero que es mejor en algunos aspectos pregúntale e imítale para mejorar. También, pide a tu jefe que te ayude con ese aspecto que debes afinar, que te envíe a algún curso sobre ello o que contrate un profesor para que te acompañe.

Hagas lo que hagas, trata de aprender cosas que te hagan mejorar inmediatamente y que hagan cambiar aquel concepto que no está funcionando en tu comportamiento profesional.

Por ejemplo, si como vendedor que haces casi todo bien pero, últimamente, tú o el Director Comercial ha apreciado que tú te precipitas ante los clientes y tiendes a decir el precio antes de que llegue el momento. En este caso, podrías pedir una pequeña sesión del Director Comercial para, con ejemplos, que te ayude a mejorar el comportamiento, discutirlo y modificarlo. Y, además, que luego te acompañe para comprobar que se ha modificado y lo has aprendido correctamente. No es hacer la pelota al jefe, créeme, es mejorar.

Decía Napoleón Hill en su libro *"Piense y hágase rico"* que con un gran deseo y convicción por lograr algo se puede conseguir cualquier cosa. Tú no cejes en formarte y ser mejor cada día. Eso funciona y tendrás un mayor valor en un futuro.

Cómprate libros o artículos sobre ventas y lee mucho sobre tu profesión que es la de vendedor. Lee más sobre venta que sobre las particularidades del producto o sector que te ha tocado llevar en ese momento. El producto es lo fácil, la venta lo difícil y es lo que te ayudará para siempre.

A efectos de auto-aprendizaje del vendedor vamos a analizar los pasos que forman parte del proceso de la venta y que el vendedor debe dominar:

A veces no existe concertación telefónica si el vendedor realiza una "puerta fría" que no es más que presentarse en casa del cliente y decir a la persona de recepción: "Quiero hablar con D. XXX". No es este un método que recomiendo si se puede "calentar" la visita por medio de una carta, redes sociales, una recomendación, etc.

Un día, un consultor con mucha experiencia y éxito en el mundo de la consultoría y la formación me comentó que él tenía su propio método para realizar "puerta fría" y le daba buenos resultados. ¿Cuál era su método?:

1.- Primero se enteraba de la evolución de ventas de la empresa por si era negativa o no ascendente.

2.- Llegaba a esa empresa y preguntaba a la persona de recepción:

"Quisiera hablar con el Director General pues tengo una cosa muy importante que comentarle".

Inmediatamente, la persona de recepción le respondía:

"Pero... ¡Ud. no tiene cita!".

Entonces él argumentaba: "Si la hubiera tenido no le habría dicho que quiero hablar con él".

Comentaba que el Director General siempre bajaba.

3.- Cuando el Director General bajaba y le volvía a repetir: *"Creo que no teníamos una cita concertada"* él sacaba un email que había enviado al email de contacto de la Web de la empresa para pedir la cita, diciendo: *"He pedido cita a través de la Web y entiendo que alguien de su empresa no le ha pasado la información. De todas formas, lo que tengo que decirle es importante y creo será de su interés"....*

El éxito era rotundo y la entrevista se realizaba en despacho.

Sea como sea y sin atender a la probabilidad de éxito de una fórmula como la anterior, lo innegable es que es mejor hacer esto que nada.

EJERCICIO

"Búsqueda de información del potencial cliente"

OBJETIVO

Incidir en la importancia de recabar la máxima información de cliente que queremos visitar y darse cuenta de qué medios son los más apropiados.

PROCEDIMIENTO

Piensa en un cliente determinado tuyo al que quieras vender tus productos o bien alguno imaginario (ejemplo: Daniel Sánchez, Director General de Industrias del Calzado Ghiloni S.L.) al que quieras acceder para vender, por ejemplo, tus servicios de asistencia jurídica.

Escribe todos los datos que esperas conseguir y te parecen interesantes.

Lista todas las posibles vías de investigación: Web de la empresa, redes sociales, Google, webs de su sector, revistas,...

Concertación telefónica

CÓMO CONSEGUIR EL NOMBRE DEL CONTACTO

Si la llamada no es solo "fría" sino "helada", es decir, no sabemos ni el nombre de nuestro potencial contacto, no nos quedará más que utilizar algún método con la persona de recepción para conseguirlo.

Hay varios. Son métodos sencillos, solo hay que practicarlos:

1.- <u>Mezclar 2 intereses nuestros</u>: Nos apoyamos en uno primero falso para conseguir el segundo, que es nuestro objetivo. Es ir por la vía indirecta (¿quizás falsa?):

Telefonista: *"Industrias Trespuntos, ¿dígame?*
Tú: *Buenos días, señorita.* ***¿Me podría ayudar?***
Telefonista: *"Dígame en qué"*
Tú: *Me han encargado que le envíe un documento al Director de Mantenimiento y no tengo el nombre de esa persona.*

(Lo de "ME PODRÍA AYUDAR" rara vez falla).

2.- <u>Confianza poco a poco</u>: Se trata de ir dialogando sobre lo que ya sabemos hasta que haya que pedir el nombre deseado que nos será dado con confianza:

Telefonista: *"Industrial Ramsay, ¿dígame?*
Tú: *Buenos días, señorita. Les estoy enviando una carta. ¿Su código postal es 34534?*
Telefonista: "Sí"
Tú: Y su dirección es Calle Mayor, 1?
Telefonista: "Sí"
Tú: Es una invitación para el Director de Operaciones, ¿a quién dirijo la invitación, Sr...?

3.- Evitar el NO: Se trata de evitar que la persona filtro se atreva a negarse a la petición:

Telefonista: *"Talleres Pike, ¿dígame?*
Tú: Buenos días. ¿Le puede decir al Sr. González que Fernando de Juan quiere hablar con él?
Telefonista: *"Dígame quien es Usted y de qué empresa"*
Tú: *"¿Le puede decir al Sr. González que Fernando de Juan, de Esgrima Multimedia S.L. tiene que comunicarle un asunto relacionado con el incremento de su beneficio en un 10%?"*

Sería demasiado brusco para la recepcionista decirnos un NO.

4.- Me dijo que: Se trata de entrar directo y confundir con un deseo previo del propio destinatario:

Telefonista: *"Laminados Asencio S.A., ¿dígame?*
Tú: *"Con Rafael Messeguer, por favor"* (directamente)
Telefonista: *"¿De parte de quién?"*
(Decir nombre y apellido pero no nuestra empresa)
Tú: *"Carlos Carrero"*.
Si nos pide la empresa, se la damos. Bien que siga ella o nos pase a otra –empezaríamos igual- tras decir nuestro nombre, cuando nos pidan el objeto de la visita contestar directamente:
Tú: *"Me dijo que le llamara para..."* o *"Tenemos una solución nueva que entiendo el debería estar muy interesado"*

CONVERSACIÓN CON EL CLIENTE

Si eres un vendedor al que le gusta hacer llamadas "frías", ¡fantástico!

En general, la capacidad de realizar llamadas "frías" es un gran obstáculo en la selección de perfiles y un frecuente elemento de rechazo entre la mayoría de los vendedores.

Vamos a reflejar una típica situación de llamada fría:

Marcas el número y cuando descuelga...

Tú: *"El Sr. Lloret, por favor"*.
Recepcionista: *¿De parte de quién?"*.
Tú: *De parte de Daniel Murcia, de la empresa Hytlodeo S.A.*
Sr. Lloret: *¿Sí?*
Tú: *Sr. Lloret, soy Daniel Murcia, de la empresa Hytlodeo S.A. y quisiera entrevistarme con usted para presentarle nuestras soluciones de mantenimiento.*
Sr. Lloret: *¡Uf! Lo tenemos todo resuelto. Gracias por su llamada.*

¿Qué ha pasado si nuestra solución era fantástica?

Veamos ahora otra forma de presentarse para intentar que no se cierre la puerta a una posible entrevista:

Tú: *Soy Javier Serra, de Ediciones Pravda S.A. y le llamo porque me han comentado que usted está interesado en implementar....*
o
Tú: *"Soy Rosa Arques, de Cristalerías Plácido S.A. y le llamo porque creo que podrían ahorrar hasta un 15% de paradas con nuestro método de mantenimiento preventivo".*
o
Tú: *"Soy Miguel Sarceda, de Industrias Isabel S.L. y le llamo porque tenemos un cliente de su sector, Maquinaria Traum, donde hemos implementado un plan de logística que ha ahorrado un 18% en seis meses y podría ser una solución muy interesante para que la analizaran ustedes".*

En las 3 intervenciones hemos intentado que nuestras primeras palabras, tras nuestra presentación, estuvieran relacionadas con una solución para el cliente. Lo que tratamos es de que, en los primeros 20 segundos de exposición, ya suene interesante lo que proponemos. Por eso, es importante preparar esos primeros segundos de llamada.

Cliente: *Suena interesante.*
Tú: *"Sería interesante poder explicarle esta solución que ya hemos implantado con éxito en otras empresas de su sector".*
o
Tú: *"Estoy muy interesado en conocerle y me gustaría tener una entrevista con usted para...".*

Es decir, hay un motivo para conocerle.

Una vez roto el hielo tenemos que tener claro que hay que ir a por el objetivo: La entrevista.

¡Cuidado! Si no es venta telefónica es mejor no intentar, en este momento, vender nada pues no conseguiríamos nada. Lo que nosotros queremos es la entrevista.

Si el cliente pone alguna objeción (y la más usual es la falta de tiempo) debemos forzar a que fije una hora determinada.

Tú: "*¿Le parece bien mañana a las 11?*

Si no le va bien, forzar otra hora pues dejamos clara nuestra absoluta disponibilidad hasta que quede fijada la cita. Que no se te ocurra decir algo como "solo serán 10 minutos". Es una frase hecha que no suena como si la pronunciara un gran profesional vendiendo algo importante y nos quitará importancia. Hay que conseguir la entrevista como sea y cualquier objeción que ponga el cliente (por ejemplo, su falta de interés en el producto) debe ser saltada argumentando que por teléfono es imposible profundizar seriamente en los beneficios que nuestra solución le puede aportar. Tolerancia máxima.

CONSEJOS PARA HACER BUENAS LLAMADAS

1. Antes de coger el teléfono para llamar, ponte en posición proactiva y sonríe (es lo que se llama "Sonrisa Auditiva").

2.- Planifica lo que vas a decir en los primeros 20 segundos y que sea algo que le interese al cliente.

3.- Ten claros los objetivos de la llamada y, si es una llamada importante, escribe esos objetivos en un papel y tenlos frente a tus ojos.

4. Hay que tener conversaciones optimistas e irradiar alegría pues el optimismo de transmite rápidamente.

5.- No precipitarse ni parecer atropellado o con prisa. En la entrevista cara a cara los gestos, los silencios y el entorno ayudan a la comunicación pero, por teléfono, las referencias visuales no existen y las auditivas no ofrecen la misma ayuda. Por eso, algunas recomendaciones son:

- No tener prisa.
- Hablar con voz clara.
- Realizar pequeñas pausas controladas para que el cliente reflexione.
- No titubear.
- No aburrir con una argumentación excesiva.
- Manejar la inflexión de la voz:
- Subir y bajar el volumen para enfatizar algún concepto
- Subir un poco la voz cuando hagamos una pregunta.
- Bajar algo la voz al final de una afirmación para no parecer categóricos.

6. Vuelve a pensar como cliente.

TRUCO: Concertar hora de entrevista

Hace tiempo me contaron un pequeño truco para concertar hora de entrevista y evitar que el cliente nos anule posteriormente la cita. Es simple. Basta concertar la cita no a hora punta sino a media: 10,30, 11.30, etc. Parece que, así, al cliente se le queda más fija la precisión e importancia de la cita. No sé si es cierto, solo basta probar si te funciona.

La carta

Tras la llamada, bien antes de ella o después para presentación, puede ser necesario enviar una carta al cliente. Vamos a ver algunas recomendaciones para sus diferentes partes:

Saludo

- ❖ Sencillo, sin florituras.
- ❖ Indicar, de forma resaltada, el nombre y cargo del destinatario.

Contenido

- ❖ No emplear un lenguaje relamido ni demasiado pomposo o cargado.
- ❖ Tratar solo un asunto y de forma precisa, sin vaguedades
- ❖ Usar frases cortas.
- ❖ Usar puntos y apartes.
- ❖ Destacar alguna palabra o frase pero no muchas. No abusar del resalte.
- ❖ Provocar interés, deseo, sorpresa, que anime a hacer algo.

Despedida

- ❖ Despedida sencilla, sin florituras.
- ❖ Firmar a mano.
- ❖ Añadir postdata con resumen y ánimo a la acción.

Envío

- ❖ Doblar la carta de forma que el objeto de la carta quede a la vista.
- ❖ Franquear con sello mejor que con franqueo automático.

Email

Para que tu potencial cliente abra el email que le envías debes escribir el Asunto con "Mentalidad de comprador" y, para ello, debes tener en cuenta algunas cosas:

1.- Que tenga menos de 50 caracteres:

Según estudio de Mailchimp entre millones de correos los emails cuyo título tienen menos de 50 caracteres se leen un 12,5% más que los de más de 50. Luego es obvio que un título corto y sencillo es lo mejor.

2.- Fuera adornos:

He dicho antes que corto y sencillo y, en cuanto a sencillo, lo primero es olvidarse de las mayúsculas, signos de admiración, comillas, negritas o cualquier otro signo ortográfico que creemos aumenta la atención por el texto pero que es muy penalizado por los buscadores.

Veamos el ejemplo de un título a no tener en cuenta

¡¡¡¡¡"AUMENTARÁS LAS VENTAS **UN 30%**"!!!!!

Esto no. A la gente no le gusta que le vendan, griten o bombardeen pues borra el mensaje en milisegundos. Así que un título con texto normal, corto y que exprese aquello que animará al destinatario final a abrir nuestro email, que es el objetivo del Asunto del email.

3.- Capta su curiosidad:

La curiosidad es lo que el profesor Gorge Loewinstein de la Carnegie Melon University llamaba "Information gap" y se refiere al comportamiento innato de los humanos que se dispara cuando perciben que hay un "gap" entre lo que saben y lo que quiere saber

Utilizamos esa curiosidad como anzuelo y un a asunto curioso es lo que motiva a su apertura tal como podríamos definir con una fórmula: A=C (abrir=curiosidad) tal como vemos en los ejemplos siguientes:

"Tengo un mensaje para ti que te gustará"

"Una propuesta solo para los de tu categoría"

Es diferente informar que provocar curiosidad. Veamos 2 casos diferentes:

A.- "Ahora a la venta la colección de primavera"

B.-"Una nueva colección... pensamos que te gustará"

La A dice lo que vendemos. La B incita a saber más..

4.- **Incluye beneficios**, a poder ser con cantidades:

"4 tácticas infalibles que deberás usar en ventas"

"3 maneras de aumentar los contactos"

"5 errores claves a evitar en ventas"

5.- **Fusiona Beneficios y Curiosidad**:

¿Es suficiente la curiosidad? No. Para aumentar la probabilidad de apertura hay que añadir Beneficios para él.

Podríamos definir otra ecuación: A=B+C (apertura=beneficios + curiosidad).

Ejemplo de un ERP en modo web cuya cuota es de 40€/mes:

"Bajarás los costes un 30% por menos de lo que te cuesta el gimnasio"

Aquí vemos un beneficio: 30% menos

Y la curiosidad: ¿Por tan poco puedo ahorrarme tanto? Voy a verlo.

6.- No olvidar **la relación** del que envía con el que recibe

Según un estudio de la empresa de email marketing. Constant Contact el 47% de los que abren un email es por lo que dice el Asunto pero el 64% de los que lo abren es por la relación de confianza del receptor con la persona/empresa que envía el email.

Muchos programas email permiten cambiar el remitente y poner: Francisco Ruiz, de LIDERIS Consult, o las 3 formas que propone Constant Contact:

[Lideris Consult] Quiero compartir mi secretos para vender mejor y más

*Un secreto para vender mejor y más, de **Lideris Consult***

*Noticias **Lideris Consult**: Para tí mi secreto sobre cómo vender mejor y más*

A efectos de generar confianza hay quien incluye la referencia un tercero experto reconocido en el tema:" Esto dijo Dale Carnegie sobre vender mejor..."

De todas formas, en el mundo competitivo de hoy todos recibimos cientos y cientos de llamadas y emails y rechazamos de entrada la mayoría de ellos sin ni siquiera mirarlos.

Vamos a ver tres técnicas que se pueden utilizar para atraer la atención de aquel destinatario que no ha hecho clic en nuestro email

o no se nos pone al teléfono y tenemos su email. Le enviaremos un email poniéndonos a su disposición:

1.- EMAIL DE SEGUIMIENTO

Simplemente nos encontramos con un porcentaje de emails que no han contestado. Podemos enviar un segundo email para ponernos a su disposición por si no ha podido

Le hemos llamado varias veces y no se nos pone al teléfono así que le enviamos un email del tipo siguiente:

Asunto: Tras haber intentado contactar con usted

Texto:
"Sr. Augusto, he intentado contactar con usted y le he enviado un mensaje.
Por favor, llámeme al 123456 o envíeme un email cuando tenga un momento.
Gracias".

Con este Asunto y texto se dice que se consigue un impacto de atención y respuesta de más del 50%.

2.- EMAIL DE RECUERDO

Hacemos campañas de email marketing y nuestro programa nos dice que un destinatario ha abierto el o los emails que le hemos enviado pero no ha respondido (esto mejor certificarlo con más de un email).

¿Qué podemos hacer?

Le enviamos un email con un Asunto diferente recordándole que lo que le hemos enviado era realmente de su interés y, por ello, le animamos a que nos contacte. Veamos un ejemplo:

Asunto: Realmente te podemos ayudar

Texto:
"Sr. Augusto, hemos observado que ha visualizado los emails que le hemos enviado pero no hemos obtenido respuesta por su parte. Por eso, nos ponemos a su disposición por si tuviera alguna pregunta o duda que resolver.
Mi interés real es ayudarle y aportarle beneficios. ¿Tiene usted un momento libre el viernes para conversar por teléfono?. Gracias."

No sé si es porque la gente se apiada de los demás o qué pero este tipo de email tiene una buena acogida y produce una buena disposición del interlocutor para entrar en contacto.

3.- EMAIL DE CALENTAMIENTO DEL DEAL

Tras la entrevista con el potencial cliente siempre es bueno enviarle una nota de agradecimiento. Aunque pueda parecer cursi y pesado realmente es apreciado positivamente por el cliente y produce un reforzamiento de nuestra posición-.

Asunto: Resumen de nuestra entrevista de hoy

Texto:
"Sr. Augusto, quiero agradecerle la entrevista de hoy y recordarle los temas tratados:
Beneficios de nuestra solución
a.- xxx
b.- yyy

Además, le adjunto link al informe y cuaderno de especificaciones (también podría ser a algún vídeo):
a.- http://xxx.com/informe.pdf
b.-http://yyy.cm/cuaderno.pdf

Poniéndome a su disposición para aclarar cualquier duda o pregunta. Gracias".

La entrevista personal

Ya estamos cara a cara con el cliente. Con todo lo que nos ha costado llegar hasta aquí, ¡ahora no nos presentemos en traje de baño!

Se da por sentado que tenemos una buena presencia, bien vestidos acorde a nuestra empresa y/o nuestro cliente (en muchos trabajos no se necesita corbata), aseados y con un corte de pelo y uñas adecuados. Esto parece un axioma pero cuántos comerciales están frente al cliente y les salen pelos de la nariz o están mal afeitados, por no decir unos zapatos impresentables y toda la semana vistiendo el mismo pantalón gris y la misma camisa de cuadros.

Volver a recordar aquí lo comentado en capítulo anterior sobre las 3 cosas que ya no vuelven y la regla 4 X 10 para los primeros momentos.

Si el cliente nos recibe en la puerta de su despacho hay que intentar entrar. Se puede utilizar la expresión: "¿Me permite?", extender la palma de la mano en dirección hacia adentro y hacer ademán de entrar.

- *"Buenos días, Sr. Prim. Soy Jesús Amigo, de Suministros Midas ¿Me permite?"*

Seguro que esto no falla y el cliente nos dará permiso:

Una vez dentro, sentado delante del cliente, es de cortesía decir:

- "Sr. *Prim, antes de nada, ¡encantado de conocerle!*"

La primera impresión es la que queda. Hemos sido amables, nos hemos presentado y estamos en el punto de salida.

PREGUNTAS PARA AUTO-EVALUACIÓN

- *¿Tengo decidido antes de la entrevista todo lo que yo pretendo?*

- *¿Tengo preparadas antes de la entrevista las preguntas que voy a hacer?*

- *¿Suelo pensar positivamente?*

- *¿Genero confianza en mis entrevistas?*

- *¿Hablo sobre mí demasiado?*

- *¿Me concentro en escuchar?*

Análisis tras entrevista con clientes

Siempre debemos reflexionar sobre nuestra actividad, cómo trabajamos y, así, mejorar.

No es un test para hacerlo cada vez que visitemos a un cliente sino que podemos hacerlo cada cierto tiempo. Consulta con un compañero que tenga mucha experiencia o con tu jefe estas auto-evaluaciones y pídeles opinión. Si crees que hay cosas que no terminas de coger anima a tu jefe a que te acompañe o pide a tu jefe que te deje acompañar al compañero de mucha experiencia para que te aconseje sobre tu comportamiento. No te engañes. El auto-test lo haces tú para ti, para mejorar. Nadie va a saber los resultados si tú no quieres. Hay que ser honrado con uno mismo y lo suficientemente humilde como para saber que no eres Superman y siempre se puede mejorar.

Yo te animaría a que sea ese compañero con experiencia o tu jefe el que rellene el test y luego hagáis una puesta en común. No te pienses que tu jefe lo utilizará en tu contra. A él solo le interesa que vendas cada vez más y que seas cada vez mejor y muestres inquietud por la mejora continua. Eso le beneficiará a él también en el futuro. Veamos un ejemplo de test (puedes adaptarlo y particularizarlo según tu actividad):

	SI	NO
Esperan los clientes de forma correcta		
He llamado a los clientes por su nombre		
Me he levantado para saludar al interlocutor		
He interrumpido con frecuencia la entrevista		
He sonreído a los clientes		
He hecho venta a medida		
He hecho primero la venta del producto		
He hecho buenas preguntas		
Ha hablado más el comercial que el cliente		
He sacado sus Necesidades Explícitas		
He hablado con preguntas		
He resuelto las objeciones		
He ofrecido Credibilidad y Experiencia		
He vendido características más que beneficios		
He tenido miedo a cerrar		
No he estado motivado		
No he explicado bien el producto		
He preguntado si va a comprar ahora o más tarde		
No he sabido venderle a este cliente		

Nota: En el ANEXO hay un auto-test más extenso para auto-evaluación.

EJERCICIO - "Frases de inicio de conversación"

OBJETIVO

Incidir en la importancia de utilizar las apropiadas frases iniciales de conversación y aproximación en la llamada a un contacto, así como evitar tópicos innecesarios, utilizando los datos que hemos extraído de nuestra investigación de ese potencial contacto.

PROCEDIMIENTO

Suponemos hemos investigado datos de un cliente al que queremos contactar y que los datos obtenidos son:

- ❖ Estudió Empresariales en la Universidad de Valencia y tiene un Master MBA de Esade.
- ❖ Lleva 7 años como Director General.
- ❖ Los resultados anuales de su empresa son justos.
- ❖ Hace 6 años hicieron un ERE parcial al 30% de la plantilla y despidieron a 30 trabajadores.
- ❖ Es vicepresidente de la Confederación de Empresarios de su sector.
- ❖ Ha escrito un libro "Las Pymes ante la globalización".
- ❖ Le gusta jugar al golf.
- ❖ Está divorciado y tiene 2 hijos de 12 y 14 años que viven con su esposa.

Con estos datos, ¿qué preguntas se nos ocurrirían al inicio de la entrevista con este contacto?

Venta Consultiva o de asesor

EL PROCESO DEL ASESORAMIENTO

¿Por qué usamos el término Asesor en vez de Cerrador? El Cerrador habla pero el Asesor pregunta. No queremos preguntar por la venta sino conversar.

Pero, según nos vamos ganando la confianza del cliente llega un momento en que esa credibilidad supone que, llegado un momento, el cliente espera que, en vez de que le preguntemos, le demos la solución. El cliente quiere que su asesor de confianza le asesore y es el momento de hacerle sentir que nuestra solución le beneficia.

¿Para qué queremos un asesor fiscal o de inversiones?: Para que nos diga lo que hay que hacer pues confiamos en él ya que nosotros no somos especialistas en ello, no sabemos elegir. Ellos son los expertos y nos conducen.

La conclusión de una venta de Asesor es decir al cliente lo que tú crees que es mejor para él pues si te has ganado su confianza, será una extensión de dicha confianza ganada. Esto siempre será mejor que tener que preguntarle a él qué es lo que quiere. Yo puedo contarle al Asesor las diferentes ofertas que he visto y la que yo creo que es la mejor y espero que él responda:

"NO. No puedo estar de acuerdo contigo. Basado en lo que me has dicho no estoy seguro de que sea la mejor elección".

El vendedor demuestra que LE ESCUCHA, LO PIENSA Y SE PREOCUPA POR ÉL. Esto es lo que quiere sentir el cliente: **"Alguien se preocupa por mí"**. Es simple. El vendedor, sin presionar y sin arrogancia termina diciendo al cliente: "Compra esto".

Fases en la venta tradicional

- Presentación de producto
- Preguntar sus necesidades
- Ventajas de nuestro producto
- Intentar cerrar
- Objeciones
- Intentar cerrar
- Intentar cerrar

Fases en la venta consultiva

- Necesidades del Cliente
- Conversar sobre la venta
- Prevenir objeciones
- Proceso de Asesoramiento

Hay investigaciones que apuntan que cuando el cliente percibe que el vendedor se pone en "modo cerrar" la posibilidad de terminar la venta decae un 10%. Luego la solución no será solo utilizar una técnica de cierre.

¿Cómo lograremos ganar su confianza?: Preguntando. Y antes de ver cómo y cuáles han de ser las preguntas hay que reflexionar sobre lo siguiente: *Un buen comercial no es el típico charlatán de feria que habla como una ametralladora y suelta su discurso aprendido sobre las virtudes de su mercancía, sin dejar apenas hablar al posible comprador.*

Un buen comercial es el que

- Habla sobre lo justo.
- Pregunta solo lo necesario.
- Escucha con atención lo que dice el cliente.

¿Por qué compra realmente la gente?

"La gente compra por sus propias razones, no por las del vendedor"

Esas razones solo afloran si escuchamos.

Según las estadísticas, el 80% del tiempo ¡el que está hablando es el vendedor! y lo hace con afirmaciones, no con preguntas.

**Notas sobre
PREGUNTAR Y ESCUCHAR**

- Romper el hielo al principio no forma parte de la venta en sí.

- Hacer primero la venta del producto es probablemente el error que más a menudo se comete al vender.

- No hay que preguntar para forzar respuestas.

Para vender hay que **ESCUCHAR MÁS QUE HABLAR** y el procedimiento es sencillo:

    1.- Hacemos la pregunta.

    2.- Nos callamos (5 segundos).

    3.- Escuchamos "activamente".

Es curioso lo poco que nos gusta a las personas estar callados. Ya en el siglo XVI, Paracelso, famoso médico, alquimista y astrólogo suizo, nos presentó lo que para él eran los siete principios para ser feliz. El punto número seis dice:

> *"Debes guardar absoluto silencio de todos tus asuntos personales. Abstenerse, como si hubieras hecho juramento solemne, de referir a los demás, aún de tus más íntimos, todo cuanto pienses, oigas, sepas, aprendas, sospeches o descubras. Por un largo tiempo al menos debes ser como casa tapiada o jardín sellado. Es regla de suma importancia".*

No le faltaba razón a Paracelso. Os aconsejo que, frecuentemente, practiquéis esta máxima en vuestra vida laboral y en la personal.

Se dice que las personas que no hablan es porque no tienen nada interesante que decir, a lo que yo expondría 3 sentencias muy típicas en la vida del vendedor:

    1.- "Quien mucho habla mucho yerra".

    2.- "Si hablas no escuchas".

    3.- "Todo lo que digas (mal o de más) podría ser utilizado en tu contra"

CREDIBILIDAD DEL VENDEDOR

El Comercial gana credibilidad mostrando su Experiencia, Conocimientos, Presentación y Relaciones.

Pero también gana credibilidad:

- Con preguntas precisas.
- Escuchando atentamente.
- Siendo uno mismo.
- No apareciendo como un sabelotodo.
- No abandonando el "YO GANO – TU GANAS".

Para profundizar sobre estos conceptos te recomiendo la lectura del libro "La Venta Conceptual" (Miller & Heimann) donde, en profundidad, se aclaran estos conceptos para llegar a la conclusión de que sólo hay 2 opciones y, además, contradictorias:

YO GANO – TU GANAS
(y a veces no vender)

o

Vender siempre a todo el mundo
(nunca se deja la venta)

¿POR QUÉ NO COMPRAN LOS CLIENTES?

- El producto no le es necesario.
- No hay dinero.

- No desea hacer el cambio.
- No hay urgencia del cambio.
- No tiene confianza en el vendedor.

PASOS EN LA VENTA CONSULTIVA

El mejor libro que he leído sobre Venta Consultiva (y el más famoso) es "Spin Selling", de Neil Rackham. Es una referencia y su método se practica en todo el mundo. Además, la empresa de Rackham se encarga de difundirlo, enseñarlo y asesorar a comerciales y empresas de todo el mundo.

Todo buen profesional de la venta debe leerlo aunque luego no lo aplique en su totalidad (también habría que leer los libros de sus detractores actuales que opinan que el método está caduco. Y de otros autores que niegan la venta basada en las necesidades del cliente y que promueven la venta basada en las necesidades que genera el vendedor. Y también los que opinan que la venta ha muerto y es la hora solo del cliente).

El método SPIN supone que si el desarrollo de la venta estuviera bien llevado por medio de las preguntas correctas extraeríamos las necesidades explícitas de los clientes y no se deberían producir objeciones por parte del cliente pues todas las dudas quedarían previamente resueltas al darse cuenta el cliente, por sí mismo, de que la solución ofertada por el vendedor es la única que resuelve sus problemas.

Para un vendedor normal de una pequeña o mediana empresa es un poco utópico y es difícil de aplicar pues es complicado llegar a tener un nivel suficiente como para saber evitar las objeciones del cliente adelantándose a sus necesidades.

En vez de eso, se va a salto de mata, uno de precipita, surge una objeción, más o menos se salta, se intenta el cierre, no sale, etc. El vendedor no tiene capacidad suficiente y se apoya en las técnicas de salvar objeciones y de cierre.

Por eso, combinaremos los conceptos del Método SPIN con las objeciones y el cierre. Este procedimiento me parece más asequible para la mayoría de los vendedores no-top.

Los pasos para el proceso de Asesor son los siguientes:

1.- Hacer **Preguntas de Situación.**

2.- Hacer **Preguntas sobre Problemas.**

3.- Hacer **Preguntas sobre las Consecuencias** que están generando esos problemas (que en SPIN se llaman Preguntas de Implicación, pues son las que afloran las Necesidades Implícitas).

4.- Tener claro que esas consecuencias son tan importantes para el cliente como para **que esté dispuesto ya a pagar** por resolverlo.

5.- Tener claro que **nuestra solución es la idónea** para resolverlo y que el cliente así lo percibe.

6.- Mostrar que tenemos capacidad para satisfacer sus necesidades usando **beneficios en vez de características**.

7.- Resolver alguna mínima **objeción**.

8.- Forzar el **cierre** con un compromiso escrito y con dinero.

Los puntos 4 y 5 se corresponderían en el método SPIN con las PREGUNTAS DE UTILIDAD o de NECESIDADES EXPLÍCITAS.

TIPOS DE PREGUNTAS DEL MÉTDO SPIN

Los cuatro tipos de preguntas que maneja el método SPIN son:

1.- PREGUNTAS DE SITUACIÓN

Se usan para establecer un marco que lleva a las preguntas de problema. Son las generales que se utilizan al principio para recabar

Ejemplo: *"¿Usan aceite refrigerante U234?"*

2.- PREGUNTAS DE PROBLEMA

Abrir la puerta a la negociación y centrarnos en el problema de partida.
Sobre él hay que desarrollar las consecuencias que ocasiona mediante las Preguntas de Implicación

Ejemplo: *"¿Es complicado su uso para los trabajadores?"*

3.-PREGUNTAS DE IMPLICACIÓN O CONSECUENCIAS

Para que el Cliente muestre otras necesidades secundarias fruto de los efectos del problema.

Luego, que vea urgente una solución a la que damos entrada con las Preguntas de Utilidad

Ejemplo: *"¿Qué efectos tiene esto en el resultado del trabajo diario?"*

4.- PREGUNTAS DE UTILIDAD

Para que el Cliente muestre una necesidad clara de una solución como la nuestra y nos abra la puerta a ofrecérselo sin objeciones.

Ejemplo: "Dices que te gustaría que imprimiera a doble cara y que escaneara en remoto. ¿Qué importancia tiene para vosotros esto?"

PREGUNTAS GENERALES O DE SITUACIÓN

Son las que se hacen para evaluar el terreno, para aclarar y entender la situación actual del cliente. Las preguntas de situación son esenciales, pero también hay una sorpresa: La investigación demuestra que, si bien las preguntas de situación son valiosas, también se puede abusar de ellas, y esto generalmente lo hacen los vendedores inexpertos.

De hecho, se demostró que una característica de las visitas de ventas sin éxito es que contienen un número de preguntas de situación mayor que el promedio (no preguntes información que puedas obtener por otros medios). Abusar de las preguntas de situación aburre a los clientes, sienten que pierden el tiempo y les posiciona en contra.

Algunos ejemplos de preguntas de situación incluyen:

- "¿Cuál es su presupuesto y qué plazo tiene para invertirlo?".
- "¿Cuántos empleados hay en su empresa?".

- "¿Cuánto tiempo lleva en este negocio?".

- "¿Cuáles son sus objetivos para este año?".

- "Aparte de usted, ¿Quiénes son las personas clave para la toma de la decisión?".

Las preguntas han de ser lo más amplias posibles en un principio, para luego ir descendiendo hasta un nivel más concreto.

¿Cómo se hacen las preguntas de situación?

Con preguntas que comienzan por un adverbio interrogativo: Qué, cómo, cuándo, dónde, quiénes, por qué, etc. Así, obligaremos a nuestro interlocutor a explicarse. Las preguntas han de estar formuladas de modo que no se puedan contestar con un monosílabo (sí o no), que no parezca un interrogatorio.

Supongamos que somos comerciales de seguros. Tras la presentación debemos recordar al cliente que, con motivo de nuestra expansión por la zona (por ejemplo), queremos conocer sus opiniones y necesidades.

Es el momento de comenzar con las preguntas. La primera podría ser:

- *"¿Qué seguros tiene usted actualmente contratados?"*.

Esta es una pregunta general y en la que el cliente nos tendrá que hablar de los seguros que ya tiene. Estamos así obteniendo una valiosa información de un modo rápido y directo.

Ahora una pregunta diferente: - *"¿Tiene usted seguro de vida?"*.

A esta pregunta el cliente responderá con un sí o un no, y con este tipo de preguntas (sin adverbios interrogativos) será preciso mucho más tiempo y habría que irle preguntando por cada tipo de seguro en concreto.

Continuando con el ejemplo de los seguros, otras preguntas interesantes serían:

- "¿Qué plan financiero tiene para su jubilación?"
- "¿Qué automóvil tiene usted?"
- "¿Qué tipo de seguro tiene para su automóvil?"
- Etc.

PREGUNTAS DE PROBLEMAS Y CONSECUENCIAS

En las ventas sencillas y de ciclo corto suele ser suficiente con detectar los problemas mediante las Preguntas de Problema y ya ofertar la solución pues el problema y la necesidad explícita van acordes (ejemplo: si vendiéramos sets de agua potable para despachos y el cliente manifestara que es un absoluto problema tener que ir a comprar agua podríamos pasar a ofertar directamente pues no es un presupuesto desmesurado y la necesidad estaría clara).

Preguntas para centrar la atención a los problemas, dificultades o insatisfacciones. Los importantes para el cliente:

- *¿Es difícil la programación de la máquina?*
- *¿No consigues obtener los informes en el momento?*
- *¿Te gusta cómo se gestionan tus fondos?*
- *¿Está usted contento con esta solución?*
- *¿Qué hace cuando se le avería el motor G?*

Sin embargo, si estamos vendiendo algo de ciclo de venta largo o una venta tecnológica o un ordenador central para 150 usuarios más las soluciones de software de gestión correspondiente, para llegar a que el cliente vea en nosotros una solución adecuada técnica y económicamente tendríamos que hablar con varios interlocutores, cada uno de ellos con sus necesidades diferentes muchas veces ocultas y tendríamos que descubrir las consecuencias que el problema produce a cada uno de ellos para demostrar a cada persona cómo nuestra solución le aporta un beneficio particular.

Pero ¡CUIDADO! Muchas preguntas de problema o de implicación pueden hacer que el cliente solo piense en problemas y estrese la relación con nosotros.

Por eso, es recomendable utilizar las justas y pasar a la solución.

Como siempre, es bueno llevar todo preparado antes de la entrevista con el cliente. Se recomienda un procedimiento del tipo siguiente:

    1.- Antes de contactar con el cliente escribir en un papel algún problema que creamos pueda tener el cliente y podamos resolver con nuestra solución.

    2.- Tras esto, escribir debajo algunas Preguntas de Problema que le podríamos hacer para identificar si aquellos potenciales problemas existen.

    3.- Escribir también aquellas preguntas que ahondan en el problema dejando claras las consecuencias que el problema produce.

EJERCICIO 1

Diferenciación de P. de Situación y de Problemas

	Situación	Problemas
¿Trabaja Vd. en proceso continuo?		
¿De cuántos almacenes dispone?		
¿Le funciona el nuevo simulador?		
¿Cuesta conseguir los informes?		
¿Cuánto expiden cada hora?		
¿Controlan los errores de secuencia?		
¿Hace mucho que instalaron el programa?		
¿Qué es lo peor del sistema?		
¿Utilizan algún líquido suavizante?		
¿Está usted satisfecho con la nueva línea?		
¿Le crea problemas el proceso de venta?		

* ver soluciones en el anexo.

EJERCICIO 2

Diferenciación de P. de Problemas y sus consecuencias

De Problemas	De Consecuencias
	(o lo que implican esos problemas)
- ¿Es difícil programar la máquina?	- ¿Qué efecto tiene eso en la cadena? - ¿No te crea cuellos de botella? - ¿Qué significa eso en términos de coste: despido, formación, etc.? - Cuando un trabajador de va, ¿tienes que subcontratar servicio externo?
- ¿No obtienes los informes en el momento?	- ¿Qué repercusión tiene eso? - ¿Afecta a otros departamentos?
- ¿Te gusta cómo se gestionan tus fondos?	- ¿Qué pérdidas estás asumiendo?
	- ¿Cuántas ventas ha perdido por no contar con un proceso optimizado?
	- ¿Cuántas oportunidades habéis dejado pasar debido a la forma en que trabajáis?

Hemos visto las preguntas generales para situarnos y luego aquellas preguntas para detectar si hay problemas y si esos problemas están produciendo consecuencias que el cliente ve como negativas.

RESUMEN

PREGUNTAS	Ejemplo	Se usan para
De Situación	*¿Usan fotocopiadora centralizada?*	Establecer un marco que lleva a las Preguntas de Problema
De Problema	*¿Es complicado su uso para los trabajadores?*	Abrir la puerta a la negociación y centrarnos en el problema de partida.
De Consecuencia de ese problema	*¿Eso le genera que tengan que hacer horas extras?*	Detectar si el problema es importante, genera inquietud y se quiere resolver.

Ya hemos identificado los problemas que expresa el cliente pero ¡CUIDADO!, puede ser que el cliente sea consciente de que lo tiene pero no le merezca el esfuerzo económico o de energía asumir la solución pues, en el fondo, no tiene necesidad de solucionarlo.

Puede ser que el cliente tenga problemas con una máquina y, cuando se para, le genere costes de reparación, parada, horas extras, etc., pero el cliente no va a comprar una solución para ello por los motivos que sean. Ni aunque nosotros insistamos vehementemente. Para ver si hay una oportunidad de venta por ese problema tendremos que indagar si sería útil para el cliente hacer el cambio. Para eso están las Preguntas de Utilidad o de Necesidades Explícitas.

PREGUNTAS DE UTILIDAD o DE SOLUCION

Vendedor: "*¿Cómo piensas **que os ayudaría** una máquina nueva que no necesitara de personal especializado?*"

Cliente: "*Se me acabarían los cuellos de botella, baja del personal y un gran ahorro de coste y calidad. Sería suficiente para hacer un cambio ya*".

No es que siempre los clientes lo expresan tan claramente pero ese sería el objetivo aproximado.

Las Preguntas de Utilidad o Solución persiguen que el cliente vea claro, y muchas veces él mismo describa, los beneficios que para él supondría la resolución del problema dado, de forma que él mismo acabe convencido de la necesidad de utilizar nuestro producto/servicio. Por eso, las preguntas de necesidad-solución bien hechas previenen las objeciones (el cliente no se objetará a si mismo) y despertarán el convencimiento en el cliente.

Estas preguntas aumentan la probabilidad de que su solución, si es aceptada, entregará la retribución que responde a la necesidad. Este tipo de pregunta enfoca la atención del cliente sobre la solución, no sobre el problema, y lo alienta (con su ayuda) a que hable de los beneficios que su solución proveerá para él o su empresa.

Pueden ser especialmente útiles cuando se está hablando con ejecutivos de alto nivel encargados de la toma de decisiones (o aquellos que las influencian) y en ventas de largo ciclo donde es necesario incrementar la visión del problema para dar paso a una solución ya.

Ejemplo:

"*¿**Qué beneficios** tendría en su operación si pudiera tener un sistema que le asegurara inventarios completos y a tiempo en sus tiendas?*"

"*¿Por qué es **importante para usted resolver** este problema?*"

*"¿Si pudiéramos aumentar ahí la calidad, **cómo ayudaría** eso?"*

*"¿Le **Sería útil** acelerar la operación un 20%?"*

"¿Le resultaría útil si...?"

*"¿Hay alguna otra forma en que eso **podría ayudarle**?"*

*"¿**Necesitaría** resolver eso?"*

Cuando creamos que ya sabemos cuáles son las necesidades claras del cliente, hemos de pasar a ofrecerle nuestro producto ya que aporta beneficios a todas las soluciones que el cliente ha manifestado a través de los problemas.

Bien hecho, sería el propio cliente quien preguntaría: *"¿Si compro ahora su producto todo se solucionará?"*.

Para muchos comerciales es complicado utilizar las Preguntas de Utilidad y caen en dos errores frecuentes:

1.- <u>Las hacen demasiado pronto</u>, antes de haber identificado el problema y sus consecuencias y antes de haber construido la necesidad.

V*: "Le ofrezco una máquina que puede hacer que reduzcan su personal y mejore la calidad claramente. Y es la más barata del mercado pues solo vale 200.000 euros".*

X*:"Lo siento. Se ha equivocado Vd. Esto es el Obispado".*

2.- <u>Hacerlas cuando no tenemos la solución</u> que pide el Cliente:

C*: "Tenemos idea de adquirir una máquina que haga copias a doble cara".*

V: "¿Y para qué necesitan copias a doble cara?"

C: "Porque..."

Preguntas del tipo "¿Y por qué quiere hacer eso?" vienen dadas porque no tenemos la solución y nos dejan descolocados y fuera de la venta sin posibilidad útil de salvar la objeción. O satisfacemos una necesidad con un beneficio o no pintamos nada.

Método de entrenamiento con preguntas

1.- Coger un compañero de trabajo o cualquier persona y elegir un tema que la otra persona necesite, por ejemplo, un nuevo coche, PC o casa, etc.

2.- Hacerle varias Preguntas de Utilidad para que la otra persona hable sobre los beneficios de la solución

Ejemplo:

"¿*Piensas que sería bueno que tuvieras un coche nuevo?*"

"¿*Qué nos permitirá hacer que ahora no hacemos?*"

"¿*Se pondría contenta más gente si lo compraras?*"

"¿*Tendremos un ahorro si decidimos comprar?*"

ALGUNAS OBSERVACIONES SOBRE PREGUNTAS

- ¿Cuál es la situación típica que se da en una mala venta?:

- Muchas Preguntas de Situación.
- Menos de Preguntas de Problema.
- No hacer Preguntas de Implicación o Consecuencias del Problema.
- Soltar una letanía de nuestras ventajas y cualidades de nuestros productos.

Es decir, no detectamos las necesidades claras y manifiestas del cliente (Necesidades Explícitas) a las que aportar beneficios.

- Debemos argumentar no en base a las características del producto o sus ventajas sino en base de los beneficios que reporta al Cliente.

- La precipitación es la enemiga del buen comercial. El adelantarse ofreciendo características, cualidades o ventajas genera objeciones posteriores en el Cliente. Y adelantarse ofreciendo beneficios genera rechazo.

EJERCICIO 3
- Diferenciación de Preguntas de Implicación y preguntas sobre Utilidad

	Implicación	Utilidad
1.- ¿Sería útil si elimináramos el stock?		
2.- ¿Qué le cuestan esas paradas relativo a la entrega continua?		
3.- ¿Tiene eso consecuencias para otras personas en su empresa?		
4.- ¿Qué beneficio resultaría de aumentar el rendimiento en un 12%?		
5.- ¿Qué acarrea la parada por averías en cuanto a los costes?		
6.- Si el sistema va a soportar un segundo proceso, ¿Lo soportará?		
7.- ¿Estarían interesados en un nuevo programa de mejora del control de producción?		
8.- ¿En caso de poder rebajar plazos de entrega?, ¿Qué significaría para su empresa?		

* ver soluciones en el anexo.

EJERCICIO 4
- Comprensión del método SPIN

	Cierto	Falso
1.- Cuando hablamos de Necesidad Explícita incluimos el deseo del cliente por encontrar una solución.		
2.- Las preguntas sobre las consecuencias de los problemas ponen de manifiesto las necesidades reales de los clientes.		
3.- Es bueno hacer muchas preguntas de situación.		
4.- Es bueno hacer muchas preguntas de problemas para que se explique el cliente.		

	P. de Situación	P. de Problemas
5.- ¿Tienen presupuesto asignado para la compra?		
6.- ¿Están satisfechos con el resultado de la feria?		
7.- ¿Le crea problemas de tiempos de respuesta el contrato de servicio que tiene actualmente?		

	P. sobre Implicación	P. sobre Utilidad
8.- ¿Qué haría Vd. con el espacio libre que le quedaría si se decidiera por la solución de escanear documentos?		
9.- ¿Cómo afecta a los costes el segundo turno?		
10.- Cuándo se avería, ¿tienen que hacer contratación externa?		

* ver soluciones en el anexo.

Ejercicio ENTREVISTA CON UN CLIENTE

(Rellenar las Observaciones con el concepto correspondiente del método (pregunta de situación, problema, implicación o consecuencia, utilidad, pregunta, objeción, etc.) o con lo que creas que refleja ese momento. Soluciones en el anexo)

Fermín Sainz vende soluciones de hardware y software integrado ERP a pequeñas empresas:

V: vendedor   C: comprador

	Observaciones
1.V Buenos Días, Sr. Flores. Represento a la compañía de informática Koldor S.L.	
2.C Encantado. ¿Qué desea?	
3.V Vendemos soluciones de hardware y software para la implantación de solución completa de la gestión integrada de las empresas.	
4.C En este momento no creo que necesitemos nada.	
5.V ¿Tienen Uds. Implementada alguna solución ya?	
6.C Sí.	
7.V Me podría indicar qué tipo de solución?	
8.C Tenemos uno o dos PCs con un paquete de gestión que funciona muy bien	
9.V ¿Quiere decir que integra todas las necesidades de su empresa?	
10.C Si, si, por supuesto.	

11.V **Vale, pues entonces no le molesto más. Encantado de haberle conocido.**	¡HORROR!

Supongamos que el vendedor no da por acabada la conversación sino que quiere ahondar un poco más

12.V ¿Llevan también las nóminas en su sistema?	
13.C No. Las lleva la gestoría.	
14.V Muchas empresas implantan soluciones sencillas de nóminas lo que les permite tirarlas a menor coste que con la Asesoría y además integran datos con el programa de Contabilidad directamente.	
15.C Si, eso estaría bien pero luego esos programas cuesta ponerlos en marcha.	
16.V Y, ¿cómo llevan la gestión de entradas y salidas de almacén con relación a su programa de gestión?	
17.C En el almacén funcionan con fichas que luego traen a Administración y se meten los datos en el sistema. Es engorroso pero funciona.	
18.V Y, ¿no les ocurre a veces que no se corresponden los datos de almacén con los del sistema? Algunos clientes nuestros tuvieron muchos problemas de extravío de fichas	
19.C Sí. Ha pasado y nos ha llevado mucho tiempo cotejarlo pero al final, más o menos, ha ido bien.	

20.V Entiendo que las cosas, cuando hay voluntad, salen más o menos bien pero seguro que Uds. estarían encantados con un pase automático de los datos entre departamentos.	
21.C Si, estaría bien pero he oído que son soluciones caras.	
22.V Antes de ello, me gustaría saber, además, si tienen Uds. Integradas a las delegaciones en el sistema.	
22.V Antes de ello, me gustaría saber, además, si tienen Uds. Integradas a las delegaciones en el sistema.	
23.C No, y eso si es un problema al que habría que dar solución pues tenemos una falta de control en las dos direcciones.	
24-V En SAEZ S.L. les pasaba lo mismo que a Uds. y entre lo que se ahorraban por llevar las nóminas, la fiabilidad de los datos entre departamentos y la integración con los datos de las delegaciones amortizaron la solución en 18 meses a la vez que mejoraron la seguridad de la información.	
25-C Eso suena bien.	
26-V Entonces, sería útil y beneficioso para Uds. tener integrada la nómina, almacenes y delegaciones como en SAEZ y amortizarlo en año y medio?	
27.C Si eso fuera verdad sería para tomar una decisión pero me gustaría comprobarlo……….	

Precipitación

Ya sabemos que el cliente tiene un problema y que eso le está ocasionando perjuicios.

Este momento es de los más peligrosos para el vendedor quien piensa: *"Lo tengo claro, este problema lo soluciono yo con mi producto. Saco la hoja de pedido y cierro"*.

NO. Cuantos vendedores se precipitan justo en ese momento. Son vendedores que solo tienden al cierre en vez de a la solución del cliente.

Qué puede ocurrir aquí:

- El vendedor se calienta y ofrece el cierre.
- El cliente dice que no.
- El vendedor pregunta por qué.
- El cliente pone objeciones.
- El vendedor trata de salvarlas.
- El vendedor vuelve a pedir el cierre.
- El cliente pone evasivas.
- El vendedor baja el precio e intenta el cierre.
- ....

No hay venta. ¿Qué ha pasado? El cliente tenía un problema pero:

- El coste de resolverlo no le merecía la pena.
- La solución del vendedor no le gustaba
- No tenía presupuesto asignado.
- Era más sencillo continuar con el problema que resolverlo (evitar cambios, formación, tiempos, etc.

"Uno de los mayores defectos de un vendedor es la precipitación".

Veamos cómo se debería desarrollar un proceso (muy resumido) entre Vendedor y Cliente:

V: *¿Tienen paradas de máquina?* **(P. de Situación)**
C: *Si.*

V: *¿Esto le ocasiona un incremento de horas extras y tiempo inactivo?* **(P. de Problema)**
C: *Si.*

V: *¿Por lo que me ha dicho de tiempo y personal, se podría calcular un perjuicio de 20.000 euros/año?* **(P. de Consecuencias de ese problema)**
C: *Si.*

V: *¿Estaría dispuesto aplicar una solución si se pudiera amortizar en 3 años fácilmente?* **(P. de solución)**
C: *Si.*

V: *¿Tiene presupuesto consignado para ello ya?* **(Control)**
C: *Si*

V: *La solución que hemos estado viendo, además de..., tendría un 25% más de productividad hora/hombre que la actual, una garantía de 5 años y se puede amortizar en ¡solo 2 años y medio!* **(Reafirmación)**
V: *¿Subimos a su despacho y hablamos de los términos y condiciones?* **(Cierre)**
C: *¡POR SUPUESTO!*

Características, ventajas y beneficios

Lo primero a tener en cuenta es que los productos no se venden por lo que son, sino por lo que pueden hacer por el cliente, es decir, por la utilidad que le reportarán, cómo le ayudarán en su trabajo o las satisfacciones que le proporcionarán.

En realidad a pocas personas les interesa de qué están fabricados los productos, es decir, sus características, a no ser que represente una ventaja con respecto a lo que hasta ese momento había en el mercado.

¿Qué son las características?

Las características son las cualidades del producto. Son los datos que describen las propiedades del producto. Ejemplo: «mueble de madera de pino y hecho a mano».

Las características se pueden ver y comprobar.

¿Qué son las ventajas?

Son aquellas características o beneficios que diferencian el producto de sus competidores. Sobre las ventajas es lo primero que deberá argumentar el vendedor puesto que eso le hace adelantarse a los demás pero ¡CUIDADO! Por mucha ventaja que ofrezcamos el cliente solo comprará si percibe que la transacción le generará un beneficio, bien a su empresa o a él en particular.

¿Qué son los beneficios?

Cuando alguna utilidad de las características satisface las necesidades o deseos del cliente podemos decir que está produciendo un beneficio a ese cliente. En resumen, las características definen lo que es el producto y los beneficios lo que hace por el cliente, lo que le reporta.

Lux no vende jabones sino belleza, confort, piel suave, etc. Coca Cola no vende un jarabe gaseoso sino "la chispa de la vida". Editorial Planeta no vende papel sino intriga, romance, novedad, pensamiento, etc. Nadie vende lo que se ve sino lo que podría representar. Ni las tiendas chinas venden lo que se ve sino que venden "barato".

En la gestión de la venta hay un momento en que el comercial da información sobre lo que se ofrece. El cliente no comprará hasta no recibir suficiente información. Pero algunos modos de describir lo que vendemos son más persuasivos que otros y aumentan la probabilidad de hacer una venta:

CARACTERÍSTICAS	VENTAJAS
Este sistema tiene 4 GB.	Puede almacenar muchos datos
Es una impresora láser	Supone mayor calidad en sus documentos
La pantalla tiene 100 X 700 de resolución	Se pueden visualizar más datos en pantalla

* La de la izquierda cuenta lo que es pero la de la derecha lo que aporta.

EJERCICIO 7
Características vs. Ventajas

Somos un vendedor	Cualidad	Ventaja
- Nuestro curso dura 5 días.		
- Esta impresora tiene una velocidad de 18 páginas/minuto.		
- Como nuestro curso dura sólo 2 días, las interrupciones de producción serán mínimas.		
- El tablero tiene revestimiento especial plástico.		
- Pantalla de diseño ergonómico.		
- Con 256 GB. hay capacidad de sobra para futuras expansiones.		
- Este reloj tiene precisión atómica.		

* Ver soluciones en el anexo.

¿Cómo presentar los beneficios o ventajas?

Lo primero que hay que hacer es transformar características en beneficios o ventajas. Para ello, debemos listar todas las características relacionadas con la empresa, producto, vendedor, etc., y luego definir los beneficios que pueden aportar a un cliente, teniendo en cuenta que hay que presentar los beneficios que hagan referencia a las necesidades concretas o deseos de cada cliente pues, de no ser así, el cliente no estará interesado.

Veamos un ejemplo en la tabla siguiente:

Características	Beneficios
- Tenemos más de 30 años de experiencia.	- Garantía de calidad y cumplimiento.
- *Nuestro seguro de vida tiene una cobertura de 2 millones.*	- Tranquilidad para los hijos y esposa.
- *Consume 3 l./100 Km.*	- Ahorro de coste.
- *Entrega en el mismo día.*	- Rapidez en la reposición. - Ahorro en stocks.
- *Tiene 7 años de garantía.*	- Ahorro en gastos. - Menos preocupación. - Coche que no se estropea.

Una forma típica es presentar las características con preguntas cuya respuesta la conocemos de antemano:

-¿No desearía usted disponer de un coche que apenas consuma?

Pedimos la opinión del cliente sobre una ventaja que tenemos induciendo a una respuesta positiva por su parte de tal forma que el cliente lo asume y nos da pie a otra pregunta del tipo:

-*"Pues el modelo Jonfi sólo consume 3 litros a los 100 Km., debido a su diseño y a su motor híbrido".*

Otro ejemplo referente a los seguros:

- *¿Qué le parecería a usted que su tarjeta de crédito no le costara nada al año y, además, le devolviera el 4% de todo lo que consuma de agua, luz, gas, etc.?*

Por supuesto que el cliente dirá que le parecería bien tras lo que argumentaríamos:

- *Con nuestra tarjeta SJRU no solo la cuota es gratis y le devuelven el 4% de sus recibos sino que, además, doblamos el seguro estándar en caso de accidentes.*

Si el procedimiento de venta fuera tan simple como éste (típico de un stand en un hipermercado) con solo 2-3 preguntas, sería normal que, en este momento, surgieran las objeciones por parte del cliente, el vendedor las salvara rápidamente y pidiera el compromiso. Pero en los procedimientos de venta más complicados ya hemos aprendido que nos adelantamos a esas objeciones durante el proceso de las Preguntas.

Objeciones

QUÉ SON

Las Objeciones pueden ser dificultades que pone el posible comprador para no comprar, pero generalmente son dudas o inquietudes que desea resolver para comprar con tranquilidad.

Desde el punto de vista del vendedor son señales, como un semáforo, que nos informan de su estado de ánimo y de sus verdaderas intenciones de comprar.

Varias observaciones sobre el vendedor y las objeciones:

- No es cierto que cuantas más objeciones, mejor.
- Las objeciones son menos importantes que lo que nos creemos.
- Hay comerciales que reciben 10 veces más objeciones que otros.
- Cuanto más entrenados están menos objeciones reciben.

- La mayoría son producidas por el comercial por precipitarse en presentar su solución o por solo hablar de características o ventajas del producto.

Lo mejor que se puede hacer con las objeciones es prevenirlas preguntando por necesidades y beneficios.

Y, por supuesto, resolverlas cuanto antes.

Lo bueno de las objeciones es que el cliente nos dice cuál es la importante para él, es decir, identifica el problema que le ve al producto, con lo cual nosotros siempre vamos a poder dar una respuesta.

Una objeción que el cliente puede presentar siempre a cualquier producto que vendamos es el precio elevado. Entonces si el argumento del cliente no fuera cierto y nuestro producto fuera barato, podríamos hacérselo ver con ejemplos y comparaciones con la competencia. En todo caso y aunque nuestro producto no fuera barato, siempre podríamos argumentar que debido a todas las ventajas que le ofrece al cliente, al final le va a salir más barato que si compra otro producto de peor calidad.

Otra objeción típica es cuando el cliente nos dice que lo tiene que pensar o que no ve la cosa clara. Entonces le diremos que nos concrete qué es lo que no ve claro, qué es lo que no le convence. Y así, una vez dicha la objeción podremos rebatir esa objeción ya más concreta.

Algunas objeciones son sólo respuestas automáticas reflejas o simplemente actitudes que los clientes han interiorizado condicionados o programados para decir a los vendedores (estoy seguro que todos lo hemos hecho en alguna tienda o almacén):

- *"Sólo estoy mirando"*

- *"¿Qué descuento me puede hacer?"*

- *"¿Es este el precio final?"*

- *"No quiero que usted pierda su tiempo porque sencillamente no voy a comprar nada hoy".*

La experiencia nos demuestra que, normalmente, estas objeciones son realmente ciertas pero, en ocasiones, son intentos para quitarnos de encima al vendedor.

Algunas objeciones son mentiras: "necesito hablarlo primero con mi esposo", "no tienen el color que estoy buscando". Son mentiras auto defensivas que no debemos tomar como algo personal, sino comprenderlas y desbaratarlas. Otras veces, el cliente simplemente tiene miedo al salto que supone tomar una decisión.

Sea como sea, hay muchas razones que provocan esa forma de actuar del cliente para alejarse del vendedor. Entre ellas:

- Una mala definición de sus necesidades.
- Un vendedor demasiado agresivo.
- Un vendedor que no sabe "contactar" con los clientes.
- Etc.

OBJECIONES MÁS COMUNES

Dicen que sin objeciones no hay vendedor, solo compradores.

Es labor del Director Comercial que sus vendedores tengan a mano y bien aprendida la lista de las objeciones más frecuentes que les van a plantear los clientes y de este modo tener respuestas preparadas para salvarlas.

Pensemos en la venta de villas bajo plano:

Objeciones	Nuestra respuesta
Plazo de entrega largo.	- Le hacemos la vivienda a su medida. - El pago es más cómodo.- el precio es menos gravoso - Es más barata ahora pues valdrá más cuando esté terminada. - Es una buena inversión pues acabada vale más y los precios van aumentando.
Molestias por las obras si compro en una fase posterior.	- Cada fase es independiente y totalmente terminada.
Etc.	-

Reglas para el manejo de objeciones

1. Nunca se eluden.
2. No hay que discutir con el cliente
3. Si no las resolvemos ya, volverán a aparecer luego impidiendo el cierre.

ALGUNAS TÉCNICAS DE RESPUESTA

Hay muchísimas técnicas para salvar objeciones pero aconsejo que se utilicen sólo 2-3 y sean estas las que se practiquen continuamente para parecer innatas. Veamos algunas de las técnicas:

1.- Del Diplomático

Sabemos que los diplomáticos siempre dicen que SI aunque puedan estar expresando un NO.

- *"Sí, pero".*
- *"En principio parece así, pero".*
- *"A primera vista da esa impresión, pero".*

La magia está en la palabra PERO tras la que se puede argumentar cualquier cosa incluso lo contrario.

2.- Del Gallego

Contestar a la objeción con una pregunta para "pasarle la pelota", nos dé una explicación y aparezcan las verdaderas razones:

- *"Y eso, ¿por qué me lo pregunta?"*
- *¿Por qué lo dice? .... ¿Por qué...?*

Es una técnica útil y que funciona muy bien.

3.- Transformar la objeción en una razón de compra

Cuando el vendedor puede demostrar al cliente que la objeción que ha puesto no es más que la puerta hacia su decisión de compra, esa objeción ha dejado de ser un problema. Algunos ejemplos:

C: "No tengo suficiente presupuesto"
V: "Por eso necesita Vd. esta solución pues el 18% de ahorro de coste que produce y el 22% de aumento de productividad le van a suponer a corto y medio plazo unas ganancias de dinero importantes de tal forma que es imposible que dilate la toma de decisión".

C: "*El precio es demasiado alto*"
V: "*Por eso necesita usted esta solución. Déjeme que le explique: Nuestros productos son los de mayor calidad y nuestra empresa es la líder en el mercado. Por eso usted necesita dar la mejor rentabilidad a su dinero adquiriendo lo mejor para que su propia oferta sea también la mejor, la de más calidad y con mayores garantías*"

No es una técnica fácil. Necesita un vendedor seguro de sí mismo, de lo que vende y del mercado en que está.

Como cada persona es diferente y hay unos métodos que se ajustan más que otros a la personalidad del vendedor, yo te aconsejo enterarte de todo tipo de objeciones.

A continuación, adjunto otras técnicas para su posterior desarrollo:

a- Reformular: Es repetir lo que ha dicho el otro y hace que el cliente se sienta comprendido.

"*Si he entendido bien, usted ha dicho...*" (Y repetimos su frase)

b- Del político: Ya conocemos todos a los políticos:

"Me alegra que me haga esa pregunta, pues..."

Y ahora dicen cualquier otra cosa.

Un vendedor la puede usar como excusa para reforzar nuestras ventajas o beneficios.

c- Del australiano: Es devolver la objeción como si fuera un argumento de cierre de ventas. Esta técnica aprovecha la objeción del cliente como argumento de cierre:

C: *Usted me dice eso pero luego los costes de mantenimiento son altísimos.*

V: *¿Si le incluyo 5 años de garantía me firmaría ya el pedido?*

Es una técnica propia de un vendedor experimentado y especialista en ver las señales de cierre.

NO REVELAR EL PRECIO HASTA EL FINAL

Los compradores tienen ahora acceso a casi toda la información tanto de nosotros como de la competencia y, antes de que hayamos podido presentar una solución, ya tienen decidido más del 60% de lo que quieren. Saben hasta nuestro precio.

Así y todo, lo que deberíamos seguir haciendo con los clientes es mantener el "secreto" de nuestro precio el mayor tiempo que sea posible por las siguientes razones:

a.- Todos sabemos que cuando nos han dicho el precio nuestra mente deja de pensar en otra cosa que no sea el dinero.

Entonces el cliente ya está pensando si nuestra oferta es cara o barata. No piensa ya si merece o no merece la pena continuar escuchándonos, si aportamos ventajas, beneficios, etc. Hemos perdido la diferenciación y no podríamos ni justificar por nuestras diferencias un margen de precio respecto a otras ofertas.

b.- Debemos vender primero las ventajas y beneficios que nuestra solución aporta al cliente.

Identificamos problemas y entresacamos necesidades a las cuales damos una solución diferenciada. Ese es nuestro trabajo y por el que cobramos lo que podemos. Veamos un ejemplo:

- "Si soy vendedor de billetes de avioneta y te digo que un billete son 300 euros a ti tal vez te parezca caro. Te puedo ofrecer una oferta del 20% si es matrimonio y un 30% adicional por cada niño pero la seguirías rechazando".

- "Si ahora te digo que se ha roto la presa, que las carreteras están colapsadas y la TV está informando con alarma y pánico, ¿cuánto estarías dispuesto a pagar? ¿Admitirías un precio de 1.000 euros con una recarga de un 20% si matrimonio y del 30% por cada niño?"

No debe haber oferta hasta no haber presentado nuestro valor y el beneficio que podemos aportar.

Además, dicen que lo que primero se escucha es lo que utilizamos como base de la comparación en nuestro subconsciente y a lo que damos mayor importancia. Si decimos primero el precio cualquier otra cosa que expongamos no estará para el cliente a la altura del precio dicho.

Entonces, ¿qué hacer si nos piden anticipadamente el precio?:

"Sr. Valdemoro, me gustaría, antes de pasar al precio y a los términos y condiciones, reunir más datos a lo largo de esta entrevista para poder hacerle una oferta final real a la solución que usted está buscando y que incluya todos los requisitos completos que se necesitan"

EJERCICIO

Saltar objeciones

CASO:

"Soy un comprador de chalet y en una feria me encuentro en un stand con una promotora de una urbanización en construcción en Ibi, promoción en el monte, a 7 Km. de Ibi en la carretera a Tibi.

Yo, como comprador, doy importancia al transporte y a las actividades o zonas comunes pues tengo 70 años y yo conduzco pero mi mujer no y tengo un estudio en Ibi de pintura al que voy todos los días. Además, no tengo muy claro que tenga ventajas comprarlo en construcción".

RESOLUCIÓN:

1.- Ante esta exposición, piensa en ti interpretando el papel de comprador y escribe en un papel todas las objeciones que se ocurrirían para que fueran resueltas por el vendedor.

2.- Cambiando de papel y asumiendo las objeciones que has puesto como comprador, piensa y escribe en el papel cómo responderías ante ellas, las saltas o resuelves.

3.- Tras lo anterior, plantéate las dos preguntas siguientes:

    ¿Se han conseguido saltar las objeciones?

    ¿Siempre es posible vender?

Cierre

En mis muchos años como vendedor y Director Comercial he visto tantas ventas cerrar como tantas perder.

- Presentaciones perfectas con perfectos cierres.
- Pésimas presentaciones con perfectos cierres.
- Magistrales presentaciones con pésimos cierres.

Es el paso más importante dentro del proceso de la venta ya que es el objetivo final y de ello depende nuestro salario.

El representante de ventas que no puede cerrar es como aquel corredor que entrena con entusiasmo toda la temporada, va en primer lugar en la carrera hasta que, a diez metros de la meta, se desploma.

Superadas las objeciones, llega el momento del cierre. Hemos de conseguir cerrar la venta con un compromiso por parte del cliente de que va a adquirir nuestro producto. Este compromiso puede plasmarse bien con la firma de la hoja de pedido, o bien, con la concertación de una nueva entrevista para ultimar los detalles de la transacción y firmar todos los documentos (en el caso de que la venta requiera trámites complejos que no sea posible resolver ya).

Aún en este último caso, siempre es interesante tener preparado algún tipo de boletín o formulario de solicitud, con el fin de poder obtener la firma del cliente. Esto refuerza psicológicamente el compromiso del cliente con nosotros.

¿Cuál es el momento apropiado para el cierre?

A este respecto, existe unanimidad en que lo que de ningún modo se debe hacer es retrasar o demorar este momento. O sea, tan pronto como hayamos acabado de argumentar y de rebatir las objeciones del cliente, debemos intentar el cierre.

Mi consejo es que es mejor precipitarse en pedir el cierre en vez de no atreverse nunca a hacerlo: Si es demasiado pronto, lo único que sucederá es que el cliente planteará nuevas objeciones que tendremos que salvar antes de volver a intentar otra vez el cierre (esto suponiendo que no hemos hecho anteriormente los deberes para que no aparezcan las objeciones – ver la venta de Asesor-).

Por el contrario, si retrasamos el cierre, reflejaremos una falta de seguridad en nosotros mismos y en nuestro producto además de dar la sensación de que no nos interesa.

Cerrada la venta o no, es siempre muy importante (yo diría que imprescindible), dar una buena imagen de nuestra empresa y, si no hemos podido vender nada en esta ocasión, dejar la puerta abierta y recalcar al cliente que estamos a su disposición para lo que necesite.

Un buen comercial jamás debe recriminarle al cliente el hecho de que no haya comprado. Nunca debemos hacerle pagar al cliente nuestra frustración por no haber logrado la venta.

Si, por el contrario, nos retiramos agradeciéndole la atención que ha tenido de habernos dedicado su tiempo y le reiteramos nuestro propósito de servicio es posible que en el futuro sí necesite nuestras soluciones.

POR QUÉ LOS CLIENTES SE VAN SIN COMPRAR

La mayoría de los clientes que entran en un comercio, tienda, etc., termina saliendo sin haber comprado nada. Parece lo normal pero no lo es.

Hay quien afirma que el 90% de los clientes que se van de una tienda sin haber comprado nada podrían haber terminado comprando. Esto parece increíble pero es que a esos clientes nadie les había hecho una pregunta de cierre.

Se atiende a los clientes, se les informa y, después, el dependiente se queda mirando esperando que el cliente compre. Pero, en ese momento, el cliente dice:

- *"¿A qué hora cierran?"*.
- *"Voy a un sitio y vuelvo"*.
- *"Lo voy a pensar y..."*.
- *"Vale. Gracias"*.
- *"¿Tiene un folleto?"*.

Y, entonces ¡LOS CLIENTES HUYEN SIN COMPRAR! ¿Por qué? Muy sencillo:

1.- El cliente siente que el vendedor no toma el problema como suyo.

2.- El cliente necesita que el que cierre la venta el vendedor.

Y si el vendedor no se implica ni ayuda al cliente con su terrible decisión, ¿qué es lo que tenemos?: UN MAL VENDEDOR.

¡Ah! Entonces ya sabemos por qué se ha marchado el cliente y es que

"Los clientes huyen del mal vendedor"

Y, ¿qué tenía que haber hecho el vendedor? Pues muy sencillo, pedir el cierre, que se puede hacer de muchas maneras:

1.- **Pedirlo**: *"Veo que le gusta ese. ¿Lo lleva?"*.

2.- **Ablandar** la toma de decisión: *"¿Se lo envuelvo para regalo?"*.

3.- Darle 2 **alternativas** para que opte por una de ellas: *"¿Pagará al contado o con tarjeta?"*.

Así de simple. Realmente no habría que aprender nada más sobre el cierre. Entonces, ¿por qué los vendedores tienen tantos problemas con ello?

CUÁNDO HACER LA PREGUNTA DE CIERRE

Cuando el cierre esté maduro. Y, ¿cuándo es eso? Pues cuando hayamos realizado nuestra labor de forma profesional conforme lo dicho hasta ahora en este libro.

¿Y cómo sé cuándo se produce ese momento?: Pues justo un instante antes de que el cliente se vaya sin comprar.

Está claro que lo mismo que se debe aprender a realizar los pasos que hemos ido comentando hasta ahora, también la experiencia nos va aportando la sabiduría de reconocer cuando el cliente está maduro.

Pero tampoco es tan complicado ni trágico: Si supiéramos ver la transacción con los ojos del cliente veríamos que al cliente le interesa y tiene dinero para pagarlo. Entonces le decimos:

¿SE LO LLEVA? o ¿CERRAMOS EL CONTRATO?

Ya sabemos el truco para vender:

"Hay que saber verlo con los ojos del cliente"

Entonces, fusionando las dos máximas anteriores tendríamos que

"Los Clientes huyen de los vendedores que no ven con ojos de Cliente".

ACTITUD ANTE EL CIERRE

Ya hemos visto que es un problema del vendedor. A veces, un vendedor ha realizado correctamente todos los pasos de modo profesional, el cliente está maduro y el vendedor pospone a decisión. ¿Por qué?

Hay personas que le tienen miedo al NO. Seguramente son muy empáticas y simpáticas y la sensación que tienen siempre los clientes con ellos es fantástica. Incluso le recomiendan. Pero ese vendedor tiene miedo a provocar el cierre porque, después de todo el trabajo realizado, le da miedo pensar que, si el cliente va a decir que no esa relación, se va a romper o que el cliente va a pensar que al vendedor solo le interesa el cierre. ¡Pues claro que es lo único que le debe interesar!

Esto es difícil de corregir. No es un problema de técnica sino de habilidad innata. Esto lo podemos encontrar no solo en el que no vende nada sino, más frecuentemente, en los que no venden lo que deben pues lo que han vendido ha sido a pesar suyo ya que han sido compras en vez de ventas.

SEÑALES DE COMPRA

Son aquellas que explican cuando el cliente está listo para comprar y captar las señales que emite el cliente es fundamental para tener claro cuál es el momento oportuno de venta. Veamos unos ejemplos.

Señales generales

- Las preguntas que hace.
- Si sus objeciones son sinceras.
- Si él habla de comprarlo ya.
- ...

Señales verbales

- *"¿Qué garantía tiene?"*
- *"¿En cuántos días me lo pueden entregar?"*
- *"¿Me lo instalan ustedes?"*
- *"¿Cuál es el pedido mínimo?"*
- *"¿El pago será a 90 días, no?"*
- ...

Señales no verbales

- La expresión de interés de su rostro.
- Si hace un test del producto.
- Hacer mediciones del producto.
- Si toma el producto y reflexiona.
- Hacer similares preguntas cuya contestación viene a ser repetida.
- ...

En cuanto un vendedor/comercial experimentado detecta señales de este tipo en el cliente deja de "marear la perdiz" y pasa directamente a cerrar.

Si el vendedor no tiene ninguna referencia o apoyo, siempre puede utilizar una técnica de cierre.

TÉCNICAS DE CIERRE

Cada vendedor suele tener su forma propia de actuar y lo que para uno da resultado, para otro puede ser nefasto. Veamos tres técnicas bastante difundidas y de amplia aceptación:

1.- T. del cierre directo:

Dejarse de tonterías y pedir el cierre. Sin más. A muchos no les parecerá una técnica pero así será pues muchos ni se atreven a hacerlo:

"Entonces Sr. Montoya, vamos a procesar el pedido de las 5 máquinas.
¿Sabe usted el CIF de la empresa para procesar el pedido?"

Mientras pronunciamos la(s) frase(s), pondremos los formularios de pedido o documento de formalización para rellenar y firmar. Y empezamos a escribir en ellos para que el cliente, por fin, asuma que la operación está hecha. Si el cliente pone alguna pega le preguntaremos por qué (así la sacamos a la luz), lo salvamos (si no es posible es que algo no hemos hecho bien anteriormente y nos hemos precipitado) y cerramos.

2.- Técnica de la objeción:

El cliente expone una objeción fundamental que el vendedor aprovecha para preguntar al cliente si, en caso de satisfacerla, se puede firmar la operación.

- *"Entonces Sr. Villanueva, si llamo a fábrica y consigo los 3 años adicionales de garantía, ¿estaría usted dispuesto a firmar la operación?"*

Pero, ¡cuidado! Si lo que no tiene claro el cliente es el precio, ahí sí que no hemos hecho bien el trabajo anterior a no ser que fuera una objeción esperada, tuviéramos el descuento preparado y dijéramos algo parecido a lo anterior para no dar la impresión que bajar ese precio era fácil.

3.- T. del póker o del "as en la manga".

El vendedor, similar a lo comentado para el precio (que podría ir también aquí) tiene guardados uno o varios ases en la manga para sacar y animar al cierre al cliente:

- *"Por comprar antes del día 20 regalamos 3 bobinas adicionales"*

- *"Si firma ahora el Plan de Pensiones le ingresaremos el 4% de la cantidad"*.

- *"Por recetar X cajas de XXX en este último mes del trimestre tendrá de regalo un viaje a las Bahamas" (ejemplos hay de todos tipos)*.

4.- T. del cierre por enganche.

Se realiza haciendo una pequeña pregunta para provocar un "SI" como respuesta lógica. Una pregunta al final del tipo siguiente::

", Verdad, ... No le parece?,... ,No lo cree usted así?,... No es verdad?, ... No es cierto?"

Ejemplo: "Una buena inversión en el mejor banco es una ventaja, ¿no cree Usted? (y cuando él responda que sí, pues a firmar)

5.- T. de la doble alternativa.

Se trata de dar a elegir entre dos o más opciones delimitadas para acotar su inseguridad.

"¿Va Usted a elegir la opción A o la B?"

La técnica de la doble alternativa es muy efectiva también para concertar citas con clientes huidizos.

Cuando queramos concertar una cita con un cliente no digamos nunca:

"Le llamo el lunes".

Esto no funciona y permite al cliente, ese lunes, no ponerse al teléfono y escapar. Es mejor concertar la cita de forma precisa:

"¿Le viene bien a Usted bien el lunes por la mañana o por la tarde?"

"¿Está Usted disponible el lunes o el martes?"

Al darle dos opciones forzamos a que él elija una de ellas.

6.- T. de Benjamín Franklin.

La técnica de Benjamín Franklin está destinado a sacar las objeciones importantes que el cliente tiene escondidas.

Se la he escuchado a muchos consultores y no sé la fuente original pero el mejor desarrollo de la técnica me ha parecido el que hace Alex Dey, cuyos audios y vídeos os ayudarán mucho con las técnicas de venta pues es un auténtico artista.

Cuando crees que ya no puedes hacer más y el cliente se cierra en banda y percibes que hay alguna barrera para cerrar la venta pero no sabes concretamente cuál es, entonces haces la siguiente estrategia (llámalo teatro o como quieras, pero hazlo con plena seguridad):

TU: Recoges tus papeles, te levantas y haces amago de meter todo en la cartera para marcharte, y le dices: "gracias por su tiempo", o "¿le llamo mañana las 4 o a las 8?".

EL CLIENTE: El cliente está perplejo, ve que fácilmente te vas y que no tiene ningún problema de decisión contigo En ese momento, el cliente baja la guardia.

TU: En ese momento, te vuelves a sentar, coges y le dices al cliente: "Una última cosa: supongo que si quiere pensarlo es porque desea tomar la decisión correcta, ¿no es verdad?

EL CLIENTE: Perplejo. No sabe qué hacer.

TU: Coges un bolígrafo y un folio en blanco y le dices al cliente: "permítame que le escriba las razones por las que debe comprar y por las que no".

TU: En ese momento, dibujas en el papel una tabla con dos columnas y pones título a cada columna del modo siguiente:

Por qué SÍ	Por qué NO
1.-	-
2.-	-
3.-	-
4.-	-

TU: Escribes varias razones para el SI y, entonces, mirando a los ojos del cliente le dices:
"Estas son las razones por las que Ud. debe comprar. ¿Me puede decir las razones por las que no? ¿Por ejemplo?"

EN ESE MOMENTO TE QUEDAS MIRÁNDOLE EN ABSOLUTO SILENCIO y es en ese momento cuando el cliente se siente forzado y nos cuenta su gran objeción oculta que podría ser una de estas dos:

EL CLIENTE:

1.- "Es una cantidad mensual importante"
    Entonces tú resuelves la objeción con tus argumentos y le pides firmar.
2.- "Es que tengo que hablar con mi socio"
    Entonces tú le preguntas:

TU: "¿Qué tiempo necesita para hablarlo con su socio?"

EL CLIENTE: "Pues, un par de días".

TU: "Pues yo le doy 7 días".

EL CLIENTE: "¿Qué? ¿Cómo que Ud. me da 7 días?"

TU: "Mire. Le voy a escribir de mi puño y letra y le firmo aquí, arriba del acuerdo, que si Ud. habla con su socio y en 7 días no estuvieran de acuerdo en trabajar conmigo yo no continuaría trabajando y no les facturaría nada por lo realizado. Es como cuando el Corte Inglés dice que le devuelve el dinero y no hay ningún compromiso por su parte".

Entonces escribes eso en el contrato como garantía, le dices que firme y fijas el día y hora precisa para empezar. A partir de ese momento no sé lo que pasará pero te aseguro que al cliente le has dejado sin armas y no va a tener palabra qué decir y, desde luego, has matado su objeción.

¿Te parece dura esta técnica? Entonces, ¿qué clase de experto en ventas eres tú? ¿Tienes miedo? Pues dedícate a otra cosa. Piensa que el cliente ya te había echado a la calle porque no le interesabas nada y acaba de terminar firmando. Una maravilla de técnica.

7.- T. de Las 3 Razones.

Ante un cliente sabelotodo que nos dice cosas como: *"No necesito nada, no voy a comprar, los vendedores son todos iguales, no me va a vender nada, etc.",* esta técnica es perfecta.

En ese momento el vendedor, valiente, le mira a los ojos al cliente y le dice:

"Tras mostrar nuestra solución, el 100% de los clientes la comprarían si no fuera por estas 3 razones:

1.- Algunas personas NO ENTIENDEN nuestras explicaciones.

2.- Otras NO CREEN lo que les decimos.

3.- Y otras, desgraciadamente, NO PUEDEN comprarlo.

Si no fuera por estas razones todas comprarían. Usted parece una persona inteligente y con experiencia y solo quiero comentarle lo más importante...."

(Ahora contamos los beneficios de nuestra propuesta).

Con esta técnica le estamos diciendo al cliente que él sí entiende, él no es un descreído y, además, que él sí puede pagar. Estamos atacando a su ego.

Hemos conseguido pasar de una situación en que nos estaban echando a otra en que dominamos la situación y podemos cerrar.

Esta es una técnica que hay que creérsela y sabérsela de memoria, pues decirla sin titubear es parte del éxito de ella.

FORMALIZAR LA VENTA

- El cierre de la operación debe ser sólido, documentado y avalado.

- El acuerdo verbal o el mero estrechamiento de manos no son suficientes hoy (¿ya no funciona el antiguo trato de caballeros?).

- Es necesario que se formalice con un documento firmado.

- Es necesario el cobro de la señal, reserva o todo.

- Si no exigimos, como mínimo, el cobro de la señal, estaremos facilitando que el cliente se pueda echar atrás.

- Si el cliente se niega a cualquiera de lo anterior es que la venta no está hecha y algo hemos hecho mal (alguna necesidad no satisfecha, objeciones no resueltas, etc.).

Me parece importante que el vendedor tenga los pies en el suelo, y cuando salga radiante por una operación que ve casi hecha y diga: "Esto está cerrado", también se plantee aquello de:

"Pero, ¡Si no me ha firmado el pedido!", "¿Y el dinero?".

Es una postura objetiva pues algo puede faltar por hacer o algo puede fallar.

Venta de ciclo largo o venta "compleja"

Vender un coche de segunda mano, una casa, aceite lubricante en tiendas, viajante de aceite para venta a distribuidores, etc. son tipos d venta de ciclo corto, generalmente un interlocutor y decisión de compra rápida, a veces, inmediata.

Algún día, en tu vida comercial, tendrás opción de acceder a un puesto de comercial en un sector o actividad donde la venta será más compleja, el ciclo de maduración del cliente será de meses (o años) y tendrás que lidiar con varios interlocutores en la empresa con los que negociar y satisfacer necesidades de cada uno.

Pongamos un ejemplo: la venta de sistemas informáticos, por ejemplo, para 100 usuarios con su software completo integrado más consultoría de implantación y formación correspondiente. Una solución de mucho presupuesto, complicada y bastante estratégica para la empresa que la tiene que adquirir.

Aquí tendremos una fuerte y preparada competencia, tendremos que hacer varias visitas a lo largo del tiempo y tendremos que lidiar con los usuarios, el responsable de informática, el director de compras, el financiero, el de producción, el director general, etc. Cada uno tiene sus problemas y forma parte de la cadena de decisión y nos puede tirar la venta abajo. Además, lucharemos contra la competencia tratando de posicionar nuestras ventajas a todos los niveles tanto en características, beneficios y precio.

El perfil de un vendedor para este tipo de venta se inclina mayormente al perfil de Asesor.

¿Qué es el perfil de Asesor?

Es asesorar a un cliente para recomendarle lo que necesita. Es lo contrario a esperar que el cliente nos diga lo que quiere comprar.

Cuando una empresa llama a un asesor laboral, fiscal, etc., siempre espera que él, con su vasto conocimiento, le dé las guías necesarias de actuación. Pensemos, por ejemplo, en una futura inspección de Hacienda y posible multa, con un Director Financiero sudando y donde aparece el Asesor Fiscal: puertas abiertas, "dime lo que tengo que hacer", "a ver cómo me sacas de esta", etc. El cliente estará en disposición de aceptar a ciegas lo que le diga el asesor.

El asesor puede hacer preguntas al cliente aunque sean incómodas. Y suele dar su opinión personal aunque no le guste al cliente pues hay CONFIANZA. Esto es absolutamente vital para conseguir cerrar la venta: Hay que ser decidido, afirmar con certeza y dar consejos concretos que realmente consideramos son beneficiosos para el cliente.

Por el contrario, el que no da ese paso adelante, a pesar de ser un gran escuchador y simpático, tiende a dejar que el propio cliente pilote el barco e incluso espera que sea el propio cliente el que termine comprando pues es un derecho del cliente el tener que pensarlo más e incluso darle tiempo para la reflexión. NO.

¡El vendedor es quien cierra la venta!

¡Cuidado! El asesor es proactivo, no pusilánime. Y la escucha debe ser activa, no pasiva.

El Asesor, por sus habilidades, sabrá escuchar a los diferentes interlocutores, hacerse eco de sus diferentes necesidades y proveer beneficios para todos (o la mayoría). Esta es una venta trabajosa, con muchas personas que forman parte de la decisión y hay que explorar y escuchar lo que cada uno necesita y a lo que cada uno aspira y saber satisfacer a cada uno con lo que solo a él le llena.

Y no nos olvidemos que el vendedor deberá hacer de coordinador de todos los recursos de su empresa para liderar el proyecto (su técnico, su producción, su logística, su financiero, su Director, etc.) y la oferta al cliente

INTERLOCUTORES CON INFLUENCIA

Hablamos de diferentes interlocutores y satisfacer a cada uno de ellos. Veamos los más usuales:

- El USUARIO: Querrá que la solución sea fácil de operar, que se aprenda rápido, que no haga sentirle caduco ni le haga peligrar su puesto de trabajo por ser tan novedosa que pueda ocasionar una impresión de empleado desfasado. Valorará que la nueva solución haga lo que hacía la antigua pero de manera más ágil de tal forma que luego no será el empleado el problema para que la solución funciones.

- EL TÉCNICO: Es el que hace el primer filtro entre los diversos proveedores por lo que es importante que el vendedor se apoye en un buen técnico de su propia empresa para Satisfacer las dudas de operatividad, características y funciones más que suficientes de la solución. Hará de filtro en las primeras demostraciones y sus percepciones harán que algunos proveedores queden fuera del proceso.

-EL FINANCIERO: Es el que dará a la empresa el OK final para la adquisición así como la negociación para la forma de pago. Es uno de los más importantes filtros en la operación y, si ésta fuera muy importante económicamente hablando, no estaría de más controlar las percepciones del financiero desde el principio para, en caso negativo, evitarnos llevar a cabo todo el proceso cuando no había capacidad real de compra. Por eso, es importante en toda operación preguntar aquello de "¿Con qué presupuesto cuentan para realizar este proyecto?". Parece obvio pero a muchos se les olvida, arrastran a su empresa en los gastos del proyecto y varios meses después se encuentran que el presupuesto asignado por el cliente no da para llevar adelante el proyecto (en este caso, si se puede llevar a cabo por fases, bien pero, si no, batacazo).

-EL CONSULTOR O ASESOR DEL CLIENTE: Es una figura externa a la empresa con la que hay que contar desde el principio. Muchas veces hace de delegada de la empresa para filtrar a los proveedores y acompaña al cliente en todo el proceso de supervisión. Los terceros tienen su propia idiosincrasia y hay que hilar con ellos muy fino pues los hay de todos los tipos: el muy purista, que es más técnico que los propios técnicos del cliente; el "comercial", que está "abierto a todo"; el neutro, etc.

Para llevar el control de todos estos interlocutores hay que abrir carpeta de proyecto y una ficha por cada uno de ellos donde ir apuntando los encuentros con ellos, sus percepciones, qué se les va diciendo o prometiendo, sus percepciones respecto a la competencia, nuestra valoración de cada uno de ellos, sus gustos, los "trucos" para agradar a cada uno, etc.

En suma, ser metódico con el proceso, las personas involucradas y los datos, todos los datos posibles.

LA VENTA COMPLEJA Y EL EMBUDO DE VENTAS

Como son ventas de ciclo largo, el vendedor deberá tener cuidado con su embudo de oportunidades y saber llenarlo con nuevas acorde a los tiempos de maduración de su promedio de clientes. El vendedor deberá hacer más prospección o, si el ciclo fura muy largo, ser ayudado por una persona que realice esa labor de prospección y primer filtro y provea al vendedor de las primera referencias en la parte superior del embudo.

Hay ventas muy especiales en que el vendedor se dedica prácticamente solo a una o dos de ellas al año por su posible volumen de facturación. Pensemos en la venta de 50 aviones Airbus a Emiratos Árabes. Son ventas tan estratégicas que el vendedor está cautivo del cliente. No dejan de ser ventas complejas, más complejas, con la sola diferencia de que, en este caso, hay probabilidad de que el comercial, de no salir la operación, no tenga comisiones por variable por lo que tendrá que negociar su plan salarial acorde a su situación.

EN QUÉ SE BASA LA VENTA COMPLEJA

Como el resto de las ventas, se basa en descubrir las necesidades explícitas de los clientes y satisfacerlas con los beneficios que le aporta nuestra solución. La diferencia es el tiempo de maduración y los diferentes interlocutores en juego.

De igual modo que el resto de ventas, si queremos una relación a largo plazo con ese cliente, la operación deberá llevarse bajo el concepto de YO GANO – TÚ GANAS. En efecto, las dos partes deben quedar suficientemente (y mejor si es sobradamente) satisfechas con el intercambio (y luego con el mantenimiento posterior, el soporte y la implantación de futuras soluciones una vez ganada la confianza del cliente tras esta operación satisfactoria.

ALGUNOS CONSEJOS PARA LA VENTA COMPLEJA

- ❖ No pensar que con "esa" información ya es suficiente. Sospechar de información o intenciones ocultas y no sacadas a la luz.

- ❖ Cualquier elemento en la operación puede ser un obstáculo más que una ventaja. Siempre alerta.

- ❖ No despreciar a NINGÚN interlocutor, ni por su nivel, personalidad, conocimientos, tiempo en la empresa, tiempo en el proyecto, etc.

- ❖ No dejar a ningún posible interlocutor sin contactar y sondear.

- ❖ No creer nunca que la operación está ganada hasta no tener el pedido firmado y reserva pagada.

- ❖ No despreciar nunca, bajo ningún aspecto, a la competencia.

- ❖ Retirarse a tiempo si nuestra solución no es idónea pues embarcaremos en gastos inútiles a nuestra empresa y estaremos dejando de buscar nuevas oportunidades: "No se puede vender a todo el mundo"

TÉCNICAS DE NEGOCIACIÓN

Qué es la negociación

Nos encontramos la negociación en todos los ámbitos de la vida: política, militar, social, laboral, familiar, etc.

A veces ni nos damos cuenta de que estamos negociando sino relacionándonos porque es normal en nuestra actividad.

Vemos en un supermercado a un niño llorando porque quiere un caramelo y a su madre diciéndole que se calle y prometiéndole no sé qué cosas para que no siga alterado y no la ponga a ella en el disparadero público. Ahí se está negociando también entre dos interlocutores donde el que parece más indefenso utiliza sus armas para conseguir lo que quiere.

También hay negociación en el marido que quiere ver el partido de fútbol en casa, y, por supuesto, en el mediador que negocia la parada del plan nuclear de Irán.

Todo es compraventa de bienes, servicios, deseos, favores, etc. Y qué no decir en nuestro mundo de la venta, donde es más diáfana la posición de negociador que debe asumir el vendedor en su entrevista con el cliente. Este vendedor deberá conocer las diferentes técnicas y aspectos de la negociación, sobre todo las específicas de su trabajo.

La negociación es el acercamiento de posturas de dos interlocutores, en principio opuestos, para alcanzar una solución aceptable para ambas partes.

También la definió alguien como "el proceso en que se toma una decisión conjunta por dos o más partes".

Estas partes expresan sus posturas las cuales pueden no coincidir y puede ser necesario un proceso de concesiones por ambas partes para llegar a un acuerdo en el que, lo más deseable es que ambas partes sientan que ganan algo.

Veamos la definición de negociación de dos de los gurús de la negociación más famosos: Roger Fisher de la Harvard Business

School y William Ury, de la Harvard Law School, autores de los famosos libros "Sí, de acuerdo", y "Supere el No":

"La negociación es un medio básico de conseguir de los demás aquello que usted desea. Es una comunicación de ida y vuelta diseñada para alcanzar un acuerdo, cuando usted y la otra parte comparten algunos intereses y tienen otros que son opuestos entre sí" (Roger Fisher)

"En términos generales, la negociación es un proceso de mutua comunicación encaminado a lograr un acuerdo con otros cuando hay algunos intereses compartidos y otros opuestos." (William Ury).

Características del buen negociador

- ❖ Empatía.
- ❖ Objetividad.
- ❖ Paciencia.
- ❖ Humildad.
- ❖ Analítico.
- ❖ Flexible.
- ❖ Capacidad de síntesis.

Tipos de estrategias

- ❖ Distributiva: ganar a toda costa.
- ❖ Cooperativa o colaborativa: Los 2 ganan.
- ❖ Posicional: Basada en puntos de partida.

❖ Método Harvard: Analiza intereses de ambas partes y plantea opciones de acuerdo para compromiso o MAAN de cada parte.

Tipos de negociador

Allá por los años 70, Roger Fisher y William Ury, dentro del "Proyecto Harvard de Negociación", se plantearon e investigaron sobre cuál es la mejor manera de negociar entre las personas para dirimir sus diferencias.

Ellos partieron del supuesto de que existían dos formas de negociar, la dura y la blanda (a la que yo añado la conciliadora):

La Negociación Dura

En la que su objetivo es ganar sin importar la situación de su interlocutor ni lo que pase después pues el negociador juega a corto plazo adoptando una posición solo para ganar. El negociador duro adopta la actitud más extrema y durante bastante tiempo pero con su energía por ganar suele obtener respuestas también duras que desgastan a las 2 partes y degrada la relación.

Escogerá ganar, con agresividad, sin importarle la relación, solo el éxito. Utilizará todas sus armas para vencer, incluida la persuasión y, a veces, la amenaza. Sería el YO GANO – TU PIERDES.

Es un competidor nato y utiliza al oponente para conseguir sus objetivos. En el diálogo es cortante y no muy extendido pues con diálogo su posición agresiva puede perder fuerza. Por su orgullo, es perseverante pues, si pierde, vuelve a la batalla para intentar ganar. Y ese orgullo se le puede volver en su contra pues se siente superior a su interlocutor y eso le puede hacer perder perspectiva.

Este perfil, por su afán agresivo, puede crear mal ambiente con su oponente pues es un perfil donde la sinceridad no existe, solo la victoria. Por eso, es usual que esa tensión no deje llevar a buen puerto ninguna negociación, sobre todo si enfrente tiene alguien como él lo que ocasionará que tengan que acudir a arbitraje externo.

La Negociación Blanda

En la que el negociador hace concesiones fácilmente para llegar a un acuerdo evitando el conflicto personal. Piensa en la amabilidad, la comunicación amistosa y la buena relación como medio para que las dos partes obtengan beneficios.

Para ello, hace concesiones fácilmente, pero casi siempre termina sintiéndose mal pues este tipo de negociador suele acabar perdiendo.

Al contrario que el negociador "duro", escogerá la relación, con riesgo de perder en algún momento. Es un negociador que quiere la cooperación entre las partes, que no haya ningún problema y, a veces, es objeto de abuso por el negociador "duro". Sería el YO PIERDO – TU GANAS.

El sentimiento de cooperación le hace encaminarse a querer encontrar siempre un objetivo común con el interlocutor y pone su confianza en el otro para intentar llegar a un acuerdo.

Es afable, escucha bien, se interesa por lo que dice el otro y él no habla mucho. Hace escucha activa y nunca está enfocado a la batalla, a la agresividad sino al encuentro. Pero esa afabilidad puede hacerle caer en la trampa del otro que le querrá cercar y atropellar

La Negociación Conciliadora

No quiere específicamente ni inclinar la balanza ni a un lado ni a otro, simplemente que las cosas se mantengan como están y que ambas partes cedan para llegar a un acuerdo. Sería el YO PIERDO – TU PIERDES.

El objetivo es conciliar las diferencias entre las posiciones diferentes de las partes. Cada parte cede algo, da algo, en aras del acuerdo común. Cada parte sabe dónde está, no fuerza a la parte contraria y sabe que debe ceder a sus pretensiones, hacer más débil su posición para llegar a un acuerdo.

Este método parece el ideal y es bastante practicado (sobre todo entre conciliadores) aunque es bastante irrealista en la vida de hoy pues si alguien sospecha que el otro puede ceder en algo es más probable que piense que eso ya lo tiene ganado a que tenga que ceder también otra cosa parecida a la otra parte.

Seguramente, un perfil conciliador ha pasado por mil batallas, tiene una gran experiencia que le dice que solo cediendo ambos se puede llegar a un acuerdo.

La característica que le define es el pragmatismo tanto en las propuestas suyas como en el análisis de las contrarias sabiendo guardar el secreto de las vías que va cogiendo la negociación. Por su experiencia, sabe ser prudente pero no está cerrado a probar ninguna nueva medida.

Como todo "viejo" parece cansado y fácil de doblegar pero sabe trabajar en tiempos largos, sin prisas, no se arredra y sus relaciones posteriores son sólidas y creíbles.

La parte negativa de este perfil es que muchas veces, por llegar a un acuerdo, pueda aceptar fácilmente una rebaja de pretensiones por las dos partes sin haber meditado la situación. Tiene experiencia y es pragmático pero la pura gana de conciliar puede hacerle cerrar la negociación de forma ambigua, no muy sólida, quedando el problema aparentemente tapado pero con probabilidades de aparecer de nuevo.

La Negociación por principios

Fisher y Ury llegaban a la conclusión de que ni la negociación dura ni la blanda servían para llegar a acuerdos satisfactorios pues era una lucha de poder a ver quién convencía a quién de sus posiciones. Ellos, entonces, proponían un tercer modelo al que llamaron "La Negociación basada en Principios" (aunque también se llamó "El Modelo de los 7 Elementos", como luego veremos) basado en el YO GANO – TU GANAS pero lo que se gana no viene tanto definido por las posiciones iniciales sino por el descubrimiento de los intereses ocultos de cada parte y las opciones que se puedan imaginar para generar una sensación de beneficio común. .

¿Cuáles son esos principios?:

1. Separar las personas de los problemas.
2. Centrarse en los intereses más que en las posiciones de cada uno.
3. Inventar opciones en beneficio mutuo.
4. Tomar como base del proceso la utilización de criterios objetivos.

Como vemos, básicamente los 3 primeros son una consecuencia del cuarto pues la razón y la objetividad preparan el camino al beneficio y entendimiento mutuo.

Partiendo de esos principios, Fisher y Ury plantearon los primeros cuatro elementos que forman parte del método:

- **Relación**. Remarcando que un acuerdo no podrá ser bueno si no sirve para mantener la relación de futuro entre las partes.

- **Intereses**. En vez de apuntar a las posiciones iniciales que cada uno tiene, el modelo se basa en encontrar y hacer hincapié en aquellos intereses de cada uno y cuáles pueden ser comunes.

- **Opciones**. Para llegar a un acuerdo hay que echarle imaginación y sacar a la palestra diferentes opciones que puedan satisfacer, de alguna manera, a las 2 partes.

- **Legitimidad**. Cada parte es valorada por la contraria y la relación es por medio del respeto y el diálogo más que por las artimañas y la coacción.

Todos estos análisis quedaron reflejados en el famoso libro "*Obtenga el SÍ. El arte de negociar sin ceder*" donde se comentaba un quinto elemento, hoy famoso, llamado **BATNA** (Best Alternative Though Negotiation Arrangement), cuyo acrónimo en castellano es **MAAN** (Mejor Alternativa al Acuerdo de Negociación). Este elemento hace alusión a, en caso de romperse la negociación, cuál es la mejor alternativa que me queda o lo que se puede hacer si no hay acuerdo.

Posteriormente definieron los últimos dos elementos:

- La **Comunicación**. El modo en que fluye la comunicación entre interlocutores, aspecto fundamental en cualquier negociación.

La comunicación no debería ser controlada más por una parte que por la otra y debe basarse en la paciencia y las reflexiones bien explicadas y bien entendidas, el mismo lenguaje.

Mi argumento	Lo que ellos entienden que he dicho	Si debo reformularlo
-	-	-
-	-	-
-	-	-

- El **Compromiso**. Cómo se materializa el acuerdo, por escrito o verbalmente, y los aspectos de toda índole que rodean el acuerdo. Para alcanzarlo es necesario que:

1.- Las 2 partes deben ver el acuerdo como suficientemente justo y que satisface a ambas partes.

2.- Es necesario poner el compromiso por escrito y firmarlo (si ya debe ser un acuerdo legal o no, lo dejaremos para otra materia).

Principios de la negociación Harvard

Separar las personas de los problemas

Se trata de llegar a un acuerdo y hay que centrarse en el asunto, en el problema, y para alcanzar el objetivo no podemos caer en el error de tratar al interlocutor y al problema como si fueran la misma cosa. Cada cosa tiene su solución pues tiene sus necesidades específicas.

Tratamos con personas y, muchas veces, las personas tienen problemas y referencias personales que satisfacer y, si no acertamos correctamente con nuestro interlocutor podríamos encontrarnos resultados impredecibles en la negociación.

Cada negociador tiene tres clases de intereses a los que hay que satisfacer:

1.- Los suyos particulares.

2.- Los de la empresa a la que representa.

3.- Los de relación con el interlocutor, pues quiere tener una cierta relación para poder llegar a un acuerdo aceptable para ambos.

Cuando hay personas implicadas siempre es bueno no olvidarse de que los interlocutores son personas con sus propios problemas, necesidades, incertidumbres, mediocridades, etc. De todas formas, los problemas personales hay que tratarlos como lo que son y sin que para ello haya que conceder algo lo suficientemente importante que coarte la posibilidad de tener luego armas de negociación sobre el problema real. Eso sí, los problemas personales deben ser exactamente identificados para poder medir si se han podido satisfacer. La ambigüedad no sirve pues con ella no se avanza.

Centrarse en los intereses más que en las posiciones

Afrontar una negociación desde la posición o postura previa de cada uno (*"Mi postura es esta"*, *"Yo quiero esto"*) no lleva más que al fracaso pues cada parte querrá hacer valer que su posición ser la verdadera y la discusión continuará infinitamente si es que nadie cede y pierde.

En una negociación más importante que la postura de cada uno son los intereses (*"Por qué quiere eso"*, *"Para qué quiere eso"*), que son las necesidades, preocupaciones, miedos o deseos de cada parte. Esto es lo que mueve a las personas y es lo que debería aflorar de la posición en que está el interlocutor ("no es lo que parece sino lo que no se ve").

Y, muchas veces, ocurre que dos personas tienen posiciones completamente opuestas y ya nos parece que no puede haber nada en común. Existen intereses contrapuestos pero también puede haber intereses escondidos o secundarios que pueden ser compartidos por ambas partes. Hay que buscarlos y apoyarnos en ellos para llegar a acuerdos.

El famoso caso de la naranja relatado por el comentado Fisher en su libro ilustra perfectamente eso:

"Dos hermanas querían una naranja para cada sí y, debido a la discusión entre ellas, la madre decidió tomar la decisión salomónica y partir la naranja en dos dando la mitad a cada una. Tras esto una raspó la corteza de su media naranja para utilizar la ralladura en un pastel y tiró la pulpa. La otra hermana se hizo un zumo con su media naranja y tiró la corteza".

La solución ahora es evidente. De haberse pasado no solo en la posición de cada una sino en vez de haber dialogado sobre los intereses de cada una podrían haber obtenido un mayor beneficio.

Y, ¿cómo identificamos esos intereses si, muchas veces están escondidos o no son fácilmente identificables por no parecer ni que existen?

Volvemos a hablar de empatía, ponerse en el lugar del otro, entender qué piensa y a qué da importancia o qué es lo que rechaza.

Pensemos en cómo se encuentra, qué piensa sobre nuestra propuesta, por qué razones no la acepta o cuales son las razones que le animarían a aceptarla. Esto es tratar de entenderle.

Una buena forma de aflorar intereses es, lisa y llanamente, conversar sobre ellos, sin trampas, haciendo que la parte contraria se implique en el debate y nos explique los suyos y nosotros opinemos sobre ellos. Es esta una forma de ponerse en mentalidad hacia la solución más que hacia los problemas

A veces creemos que vivimos en una tormenta cuando no hay más que ser sinceros, abrirse y mostrarse con honradez y predisposición (otras veces, no, pues podría significar debilidad).

	Intereses Diferentes	Intereses Compartidos
Nosotros	- - -	- - -
Ellos	- - -	- - -

Está claro que marcamos nuestra posición inicial para tener una especie de atadura o referencia por si la cosa se pone insegura pero, si entramos en una discusión por qué posición es la mejor terminaremos batallando por nuestro ego cada uno desde su castillo protegido y la probabilidad de llegar a un acuerdo disminuirá.

Esperar a que la otra parte ceda no concede muchos incentivos para llevar la negociación a buen puerto. Además, enfrascarse en lo nuestro y tratar de que la otra parte se rinda no hace más que romper la relación con ella apareciendo la ira y desconfianza (y no digamos nada si intervienen muchas partes, cada una con su posición, apareciendo falsas coaliciones temporales que se difuminan en el tiempo).

En vez de eso, siempre es mejor buscar una solución aceptable que satisfaga a ambas partes.

Por todo ello, ni la negociación dura ni la blanda son la buena solución, en general, para llegar a un mutuo acuerdo.

Extraer opciones para un beneficio mutuo

Neil Rackham, investigador de las costumbres y modos de venta y autor del famoso libro "Método SPIN" ya comentaba que una de las mayores diferencias entre un vendedor de alto nivel y un amateur es que el primero genera un número grande de opciones cuando se relaciona con los clientes.

¿Cuáles son los principales obstáculos para la generación de opciones?

- CERRAZÓN: Creer que el problema está en su parte y ellos deben solucionarlo.
Solución: Diálogo, comprensión, empatía y ayudar a la otra parte en la toma de decisiones.

- PRECIPITACIÓN: El juicio prematuro.
Solución: Mente abierta, no prejuzgar.

- INFLEXIBILIDAD: Queremos que nos den solo una respuesta y basta.

Solución: Mente abierta, no cerrarse a ninguna posibilidad, abrir la puerta a cualquier opción.

- FALTA DE IMAGINACIÓN: Pensar que lo que está en juego y sobre lo que se puede negociar ("el pastel") es de tamaño fijo y ya delimitado y definido.
Solución: Ser creativo, inventar.

Para la generación de opciones podemos dar algunas recomendaciones, que serían el equivalente a un "guion de entrevista" o a un "guion previo de negociación":

1.- Debemos separar el proceso de generar ideas de aquel que comporta la toma de decisiones. Se trata de inventar, tener creatividad, buscar elementos atractivos para las dos partes.

2.- Analizar previamente la mayor información posible sobre su interlocutor:

- ❖ Qué le motiva.
- ❖ Cuáles podrían ser sus intereses.
- ❖ Cómo negocia.
- ❖ Qué tácticas emplea.
- ❖ Sus fortalezas y debilidades.
- ❖ Su posible MAAN.
- ❖ Qué es lo que valora.
- ❖ Qué es lo que no le gusta.
- ❖ Etc.

3.- Analizar lo que ofrece la competencia y si tenemos ventajas diferenciadoras respecto a ella.

4.- Lista de ofertas que podríamos hacer dentro de nuestra estrategia y qué repuestas posibles puede dar la otra parte.

5.- Lista de ofertas que podría hacer nuestro interlocutor y cómo responderíamos ante ellas. Y, si fueran consideradas concesiones por nuestra parte, cómo actuar:

- Negociar algo a cambio.

- Concederlas como algo excepcional que no se puede repetir y que no se puede contar a otros.

- Concederlas pero dándoles un sobre-valor argumentando que ese sobre-valor se da porque es esa persona/empresa pero que no se pueden contar a otros.

6.- Referencias de otras parecidas negociaciones que nos sirvan como ejemplo y modelo para esta.

Que los criterios sean objetivos

¿Qué hay que tener en cuenta para negociar con criterios objetivos?

1.- Esforzarse en común hacia la búsqueda de dichos criterios objetivos.

2.- Razonar sobre aquellos criterios que son más adecuados y sobre cómo aplicarlos.

3.- No ceder ante la presión, y sólo ante los principios.

Y, ¿qué pasa si prevemos la posibilidad de que el acuerdo no va a ser posible?

Ury planteó la Mejor Alternativa al Acuerdo de Negociación (MAAN). Si todo va a ir mal o si va a ver un acuerdo que sea malo, por lo menos, que no obtengamos menos que lo que podríamos obtener si no hubiéramos ni empezado a negociar.

Este mínimo aceptable que llevamos a la negociación nos sirve de referencia para cuando las cosas se pongan difíciles. Si podemos conseguir más que el MAAN, bien, pero si no, la mejor opción sería que no hubiera acuerdo.

Por eso, antes de la negociación debemos planificar:

1.- Qué podemos conseguir ya sin haber empezado a negociar (MAAN). Si no lo tuviéramos claro nos tocaría reflexionar sobre las diferentes acciones y alternativas y decidir cuál es la que nos daría el máximo beneficio.

Nuestro Mejor MAAN	Su Mejor MAAN

2.- Cual es nuestro mínimo aceptable para la negociación (más que el MAAN o, si conviene, el MAAN.)

Si mi empresa compra a proveedores chinos con un 20% de descuento y me viene un proveedor local a venderme y yo estuviera interesado en la relación pero el descuento del 20% fuera básico y solo podría aceptar un 18% (por las ventajas del soporte y garantía al estar más cerca), mi MAAN sería ese 18%. En caso de no obtenerlo yo ya tengo como alternativa el 20% anterior.

Evidentemente, que una parte conozca o intuya el MAAN del otro sería fundamental para poder cerrar un acuerdo. En el ejemplo anterior, y dependiendo de la relación entre cliente y proveedor y su grado de confianza, ahorrarían tiempo si, simplemente, le dijera que con el 18% tiene el pedido (a no ser que, por no decir nada consiga un descuento superior al 20%). El que la otra parte se entere de mi MAAN o yo del suyo, sobre todo si son 2 MAAN atractivos, puede acelerar el acuerdo.

Nuestro MAAN

Si lo que puedo conseguir en la negociación es peor que mi MAAN, lo mejor para mí será romper la negociación.

Su MAAN

Si lo que él espera conseguir de la negociación es mejor que su MAAN, entonces querrá llegar a un acuerdo sea como sea.

Métodos para negociar

Estamos negociando continuamente, desde que salimos de casa hasta que volvemos y a veces usamos unos métodos y otros y vamos saltando de uno a otro, muchas veces sin enterarnos.

Métodos de Galvin Kennedy

Galvin Kennedy, profesor de la Business School de la Heriot-Watt University de Edinburgh, nos detalla, en su libro *"Negotiating"*, una lista, de entre los muchos métodos que puede haber, de diez métodos y acompaña esa explicación con varios ejercicios prácticos y sencillos que recomiendo:

1. **Decir que "No"**

Es una postura rotunda de rechazo de una propuesta pero hay que atenerse a lo que ocasione ese rechazo, las consecuencias.

2 La Persuasión

Nos tratan de vender un reloj suizo hablando de herencia, valor, tradición, distinción más que de acero, rubíes, mecanismos, etc.
Es lo primero que utilizamos cuando queremos vender algo y está presente en toda venta. El vendedor inmobiliario nos quiere vender status y calidad de vida y no ladrillos y maderas, cuando nos ofrece un apartamento en un campo de golf.

3. Solución de Problemas

Difícil método si las 2 partes no están de acuerdo en solucionar ese problema y las 2 partes reconocen que el problema existe y la mejor forma de solucionarlo es en común.

4 El Azar

No es muy utilizado a no ser que la incertidumbre sea tal que no que otra que echar una moneda al aire. Seguro que la diferencia entre ganar o perder no será muy grande pues, en ese caso, el azar no estaría justificado. Lo que sí ahorra es tiempo de discusiones.

5 Negociar

Llegar a un acuerdo beneficioso para ambas partes suele ser una buena estrategia, sobre todo para el que está en inferioridad de condiciones.
Si no tenemos nada que negociar porque la otra parte está en el poder y su negociación dura es demoledora no habría negociación sino acatamiento o ruptura.

6 Arbitrar

Si ambas partes son conscientes de que no pueden llegar a un acuerdo pero, así y todo, desearían conseguirlo, se puede acudir a un intermedio o arbitraje cuyas decisiones se acatarán.

7 La Amenaza

Muchas veces en forma suave es utilizada para "persuadir" a la otra parte de que de seguir en esa postura podría haber consecuencias indeseadas.
En tono más grave lleva a la ruptura porque no apuntan a resolver intereses sino a mantener posiciones.

8 Postergar

Dejar las cosas para que el tiempo las madure o para que "la decisión se tome por sí misma".

Pero, a veces, no deja de ser una forma de coacción o simulacro de pseudo-ruptura del interesado en postergar para producir una ansiedad en la otra parte.

9 Ordenar

No es un buen método cuando de negocia por principios y funciona si la otra parte, sea por lo que sea, está dispuesta a acatar una orden determinada

10 Ceder

Lo contrario de lo anterior y signo de la negociación "blanda".

A veces, un negociador sabio puede ceder en algún punto para que la otra parte vea una buena intención y se anime a ceder ella en otro.

No llamamos ceder a aceptar la última propuesta de un oponente si está en el equilibrio de nuestra estrategia.

Nos expone Galvin Kennedy en su libro (y en los otros libros de este autor que recomiendo así como repasar bien los ejercicios que propone) que, como hemos dicho antes, solemos cambiar de método sin darnos cuenta: "persuadimos" hablando de ventajas sobre la competencia y los "beneficios" de nuestra solución y animamos a comprar bajo la "amenaza" de que ese descuento es solo hasta fin de mes.

Lo importante es que nos demos cuenta en qué método nos estamos moviendo nosotros y la otra u otras partes en la negociación e identificar las intenciones de su método y si está batiendo o, superando o destrozando el nuestro.

Balance de Poder.

En la mayor parte de las negociaciones una de las partes tiene más poder que la otra en un determinado interés u opción.

¿De qué depende este poder?:

1.- De la dependencia/independencia entre las partes.

2.- Del catálogo de alternativas o MAAN que una parte tiene para llegar al acuerdo con la otra.

Identificar la relación de poder es un requisito previo en la negociación. Así, por cada ficha en juego debemos identificar qué parte tiene más o menos poder y en función de esa apreciación decidir, con antelación si es mejor meterse, negociar, no comentarlo, etc.

Primero identificaremos aquel aspecto en el que tengo mucho o poco poder y luego podríamos hacer una tabla como la siguiente:

Mi estrategia	QUE HACER	Su estrategia
Pago al contado	Negociar	Pago a 90 días
_____	No negociar, solo cogerlo o dejarlo.	_____
+	Negociar	
Bajar hasta el 10%	Regatear	Bajar hasta el 15%
_____	No negociar, solo cogerlo o dejarlo.	_____
_____	Regatear	_____
_____	No conviene incidir en ello	_____

Lo que hacemos es tener claro en qué podemos tener la sartén por el mango y en donde la tiene la otra parte y, según la relación, tomar una decisión.

Consejos para la negociación

1.- Previo a la negociación, tener preparado su "guion" en la forma comentada anteriormente.

2.- Definir sus tres puntos de referencia:

- Punto de apertura: Desde qué posición partimos, ni muy dura ni muy blanda. Ni muy dura para no tener que agachar las orejas desde el principio ni muy blanda para no tener que vernos obligados a perder o llegar inmediatamente al punto de ruptura. Nos basaremos para ello en el informe o guion preparado con antelación.

- MAAN: El ejemplo de Fisher&Ury sobre el vendedor de una casa que, tras un tiempo sin venderla, se plantea si no es mejor dejar de ponerla en venta y alquilarla a un precio que ya tiene controlado (y que tiene ofertas) cuya ganancia no deja de ser su MAAN.

- Punto de ruptura: Aquello que marca el límite y que más allá haría imposible el acuerdo. Condiciones insostenibles. Y sepa amenazar con la ruptura si la negociación cree que se aproxima a este punto.

3.- Controle los obstáculos para la negociación ya comentados y, especialmente, las emociones, que son, a veces, malas consejeras.

4.- Escuchar mucho de forma activa e interesarse verdaderamente por lo que el otro propone y le interesa para lo cual no hay mejor fórmula que preguntar.

5.- Exprese sus sentimientos si considera que la otra parte usa artimañas o no está siendo leal con las posturas, acciones o intereses.

6.- Mantenga las relaciones personales con la otra parte cuando la negociación haya acabado, incluso si esa persona no va a tomar parte en la ejecución de los acuerdos.

Artimañas de negociación

Son procedimientos que utiliza, en este caso, el comprador para influir en el vendedor y lograr su objetivo de obtener mejores condiciones.

Como es obvio, dependen del poder que cada parte tenga en cada momento.

Siempre es bueno ir preparados a la negociación y saber cómo actuar en cada caso. Podríamos preparar una tabla con las diferentes trampas que nos pueden plantear y la respuesta preparada a te ellas. Veamos un ejemplo:

Artimaña	Qué hacer
Un cambio de negociadores en el tiempo.	
Dudas, imprecisiones,...	
"¿Es esta su última oferta?"	
"Queremos comprar pero no tenemos tanto dinero"	
Forzarnos con los precios de la competencia	
Exigencias fuertes nada más empezar.	
Conseguir descuento en un paso y luego querer empezar desde cero	
Amenazar con que quedan pocos días para la decisión	
Atacarnos con alguna debilidad nuestra.	
"Necesito consultarlo con ..."	
Darnos poca información	

Infravalorar nuestras concesiones	
Exigencias totalmente nuevas a última hora	
Etc.	

Así iremos más seguros a negociar.

Para conseguir las máximas concesiones el comprador pretenderá introducir en el vendedor la percepción de control que tiene sobre la situación para que el vendedor ceda en sus pretensiones a fin de poder llegar a un acuerdo. Pero lo que debe hacer el vendedor es no ponerse nervioso y desconfiar.

Esto nos lo ilustra una anécdota (que no recuerdo su origen) referente a una negociación entre un grupo de americanos y otro japonés. Estos iban, de vez en cuando al baño sin ningún reparo por parte de los americanos. Al llegar la hora de la comida los americanos propusieron parar para comer pero los japoneses se negaron por la premura e importancia del asunto. Más tarde los americanos, enfadados y con no buenas ganas por la falta de comida, se enteraron que los japoneses, cada vez que iban al baño, comían. Está claro que ahí no había una negociación muy leal, solo el interés por molestar y aprovecharse de la debilidad ajena en provecho propio.

Tomando como referencia el libro de Gavin Kennedy, *"Cómo negociar con éxito"*, he hecho una personalización de las tácticas, en mi opinión, más usuales que los compradores usan y que yo mismo he sufrido en mi devenir comercial:

1. Recompensa futura.

Tanto por parte del vendedor como del comprador. Las expectativas aparecen siempre y son la esperanza de tener mayor recompensa futura pero contentarse con lo que se ofrece ahora. El comprador animará al vendedor a ofertar precios bajos con la esperanza de tener más pedidos en el futuro. Y también puede cargarle con un servicio menos deseado para que el vendedor tenga la esperanza de haber entrado y tener acceso en un futuro a pedidos más importantes.

La solución está clara: hay que conseguir compromisos firmados para el futuro. Si el comprador no quisiera darlos la confianza en la recompensa futura serías subjetiva y solo dependería del grado de confianza personal que le tengamos. Si no queremos riesgos habría que negociar mejor la situación actual.

2. El anzuelo.

El cliente empieza la negociación con una petición extremadamente alta, por ejemplo, un descuento del 50% que, al vendedor le parece desorbitada.

El vendedor, deseoso de hacer la operación y no dándose cuenta que es una táctica del comprador, supera su oferta para tratar de acercarse a las pretensiones del cliente.

Esta táctica funciona bien cuando se trata de venta de intangible, más difícilmente medible si no ha habido ventas parecidas en el pasado que sirvan de referencia.

La mejor opción para el vendedor es hacer ver inmediatamente al comprador la imposibilidad de su propuesta. Si tardamos tiempo y entramos en un diálogo estaríamos perdidos pues estaríamos abriendo la puerta a la duda sobre si es posible acercarnos a su petición.

3. La rueda.

"Más vale que mejore su oferta pues hay otras más ventajosa. Están fuera de mercado".

Esto es un sinsentido pues si ya tiene una oferta mucho mejor no sé qué hace hablando con nosotros. Es típico del comprador que juega con los proveedores para que todos bajen el precio y cuando lo consigue con uno se lo va contando a los demás para que reaccionen. Los tiene en una rueda de stress intentando bajar el precio bajo las órdenes del comprador.

¿Qué puede hacer el vendedor?

De todas las opciones que puede haber (incluso la de "pues compre a otro") creo que lo mejor que puede hacer es tomarlo como una intención positiva y preguntar al cliente si lo que está proponiendo es una revisión en el precio porque nos quiere comprar a nosotros. Y, en ese caso, de qué precio estaría hablando para firmar porque, en ese caso, tendríamos que hablar con nuestra propia empresa.

Lo que no se puede hacer es entrar en el juego de "a ver quién descuenta más". No funciona.

4. La ilusión del pedido.

Hay vendedores que caen en la excitación de que ya tienen el pedido cuando un cliente insinúa que puede ser así pero sin trato escrito.

A la hora de firmar, cuando el vendedor ha contado en su empresa y a sus compañeros e incluso a su competencia que es así, el cliente presenta una serie de condiciones adicionales para firmar.

Como todo en la empresa del vendedor está ya caliente, es muy usual que se den esas concesiones para certificar ese pedido virtualmente en firme.

Está claro que la solución para el vendedor es no precipitarse hasta que todo esté firmado y algo de dinero pagado.

5. Interlocutor no adecuado.

Sobre todo en la venta compleja donde hay que lidiar con muchos interlocutores y satisfacer a cada uno en sus necesidades específicas puede ser posible que, no sabiendo identificar al interlocutor con la autoridad apropiada hagamos concesiones al comprador que luego, una vez aceptadas no sean suficientes pues aparecerá la verdadera autoridad, se hará cargo de las concesiones pero no serán para él una referencia final sino inicial y nos querrá obligar a nuevos esfuerzos.

Ante esto, profesionalidad y saber identificar a cada uno en la empresa, su papel en la toma de decisiones y su autoridad sobre cada fase del proceso y la firma final. Y si hubiera que hacer alguna concesión a alguna autoridad intermedia que sea teniendo en perspectiva que no es el momento final y cabe la posibilidad de que tengamos que hacer mayores esfuerzos.

Gavin Kennedy en su comentado libro nos habla de una herramienta de freno del tipo "no puedo hacer más por política de empresa" pero esto realmente no funciona pues la expresión ya es usada en todos los ámbitos, tanto a nivel vendedor como comprador.

6. La buena voluntad.

"Estamos de acuerdo en cerrar el pedido con ustedes pero no podemos alcanzar la cantidad ofertada. Es imposible. No podemos llegar. Buscaremos otras vías"

Hay quien cae tras esto, como el timo de la estampita. El vendedor ve el pedido pero el "pobre" cliente no lo pude pagar. No es que sea caro sino que es el cliente quien no puede llegar. Y, además, el cliente se lo confirma con algún documento interno suyo o presupuesto con cantidades inferiores a lo ofertado.

La postura del vendedor es clara: no creérselo. Y proceder al estudio financiero de la propuesta para ver cómo se puede hacer posible la forma de pago para el cliente. O que pasen un pedido menor y luego el resto; por fases, etc.

Vamos a ver ahora los principales obstáculos para la negociación. Nos basaremos en lo expresado por William Ury en su famoso libro "Supere el no" pero visto de diferente manera:

Algunos obstáculos para la negociación

1.- Falta de reflexión

Cuando el contrario nos dice un NO o cuando inicia un ataque o propuesta que consideramos comporta una agresividad podemos caer en el riesgo de precipitarnos y, bien contraatacar (lógico desde el punto ancestral de nuestra genética depredadora de las praderas), ceder (para intentar conseguir una situación de paz o sin conflictos, que es una de las 4 condiciones que expuso Montesquieu para conseguir la felicidad de una persona junto con el alimento, la asociación grupal y el sexo) o abandonar la negociación.

Estas respuestas son un error pues suponen una pérdida de control sin el cual no hay análisis objetivo posible para tratar de conseguir algo justo para nosotros.

En una negociación nuestras reacciones subjetivas son, quizás, más peligrosas que un comportamiento complicado de la otra parte, pues nuestra reacción puede servir nada más que para perpetuar dicho comportamiento.

2.- Percepción

No existe una realidad sino la realidad que cada uno de nosotros vemos con nuestras referencias y perspectiva. Y una consecuencia de esa visión de nuestra realidad es que podríamos ver que el otro es el culpable de nuestros propios problemas y el único culpable de no llegar a un acuerdo. Entonces, declararemos, de alguna forma, su culpabilidad y empezará una batalla.

Para solventar esto lo mejor es la empatía, una gran virtud de los buenos negociadores, que nos permite ponernos en el papel del otro y sentir lo que él está viendo. Nos puede dar qué es lo que ve la otra parte y qué siente en su posición. Si conocemos cómo piensa y sufre podremos saber interpretar la relación. Y, una vez puestos en el papel del otro, podemos ser honestos y podríamos comentar sus percepciones y las nuestras, sin acritud, para intentar llegar a puntos comunes.

Incluso con la empatía podemos ver su posición si es que tuviera él que aceptar una solución para él desagradable. Podríamos, en este caso, trabajar en conjunto sobre la solución pues si las soluciones no vienen de las dos partes alguien va a interpretar que son impuestas y las rechazará de plano.

3.- Emociones

En toda negociación o relación aparecen las emociones que, si son contrapuestas pueden conducir rápidamente a un bloqueo de la negociación o a su final.

"Me siento ofendido por su comentario y supone un agravio difícil de reparar".

¿Qué hacer si aparecen?

a.- Lo primero es identificar el tipo de emoción, tanto del otro como las nuestras, y si fueran positivas o negativas.

b.- Tratar de controlar la liberación explosiva de emociones tanto por nuestra parte como de la contraria. No conducen a nada. Pero tener en cuenta que las emociones son como las Objeciones en la venta: O se sacan a la luz, se comentan y se resuelven o siempre vuelven entorpeciendo la operación. Por eso, lo mejor es hablarlas, discutirlas sin acaloramiento y apagarlas mediante el diálogo y la comprensión. Si conseguimos esto, la negociación quedará desvestida de elementos subjetivos y será más fácil el acuerdo.

c.- Si se diera el caso de una explosión o desahogo de la parte contraria, escuchar atenta y activamente y tomar alguna nota mientras tanto. Tratar de entender su postura haciendo algún pequeño "lo entiendo". Cuando haya terminado, pedirle aclaración sobre algo que no hayamos entendido pero dando la impresión de que nos interesa conocerlo de verdad para reflexionar sobre ello.

Una parte de las emociones son las emociones negativas.

Cuando la otra parte se muestra inflexible puede estar ocultando, realmente, una falta de confianza hacia nosotros, un miedo a iniciar la relación entre iguales. Por eso, se defienden atacando y marcando el territorio, apareciendo ese miedo, muchas veces en forma hostil con ira y agresividad. Desde esa posición, el contrario no va a ceder la razón e, incluso, se negará a escucharnos.

Este es el caso también de aquellos que acostumbran a negociar desde su trinchera con el único objetivo de que la otra parte sea quien ceda. No saben otra forma de negociar, tal vez por miedo a aparecer como realmente son (por ejemplo, de menor nivel, más corrientes, peores de lo que ellos se creen o muestran).

Aquí vuelve a ser la empatía la mejor arma para ponernos en su papel y llegar a entender cómo se siente.

4.- Comunicación

Evidentemente, sin comunicación no hay negociación. Y los obstáculos a la negociación ocasionados por la comunicación son:

1.- Los interlocutores no se hablan, o, si lo hacen, no de forma que se pueden entender.

2.- No escuchan, no prestan atención a lo que dice la otra parte.

3.- Se hablan y escuchan pero malinterpretan las palabras. Puede ser por razones personales, culturales, lingüísticas, etc.

La forma de vencer estos obstáculos es evidente: la escucha activa, la comprensión y la predisposición a entender y que nos entiendan.

La escucha activa supone preguntar, guardar silencio mientras escuchamos, volver a preguntar... (y se repite el ciclo). Ese guardar silencio es lo que algunos llaman "silencio de oro".

La comprensión supone que, de vez en cuando, pediremos alguna aclaración para que vean que estamos haciendo caso y porque realmente lo hacemos para comprenderle.

5.- "Status quo" posicional

Cuando negociamos y planteamos una solución que creemos es satisfactoria para ambas partes puede aparecer otra forma de miedo en la parte contraria que, aunque consideren que la propuesta es positiva, les hace temer una pérdida de valor en su propia posición actual y opten por rechazar la propuesta. Hablamos del beneficio.

Con clientes es muy típico que cuando hablamos de necesidades de los clientes tengamos en cuenta que las necesidades de las personas que negocian no tienen por qué coincidir con las de la empresa a la que representan. No siempre. Puede ser que la solución propuesta sea buena para su empresa pero el negociador piense que le hace perder poder o control o le hace inestable dentro de la empresa. No saber detectar las necesidades específicas de la otra persona puede deshacer cualquier negociación.

¿Cuáles son las necesidades de su empresa? ¿Y las suyas personales?

6.- Pérdida de poder

Si ante una negociación hay una de las partes que solo lo ve como un peligro exclusivamente por temor a perder poder, no estaría interesado en continuar la negociación. Siempre quiere ganar, no perder lo suyo y, si puede, obtener lo tuyo también. Y si pueden llegar a ello por otra vía que no sea la negociación, lo harán.

Saltar los obstáculos

Está claro que ninguna de las 3 opciones anteriores (contraatacar, ceder o abandonar) es la solución para llevar la negociación a buen puerto.

¿Cuál es la solución? Por supuesto, para los 2 primeros obstáculos es la reflexión pero para ello es necesario ver las cosas con perspectiva, tomar cierta distancia del problema y de la situación para sustraerse y tratar de analizar las cosas sin premisas, de modo lo más objetivo posible.

Una vez en perspectiva, identificaremos:

        a.- Qué es lo que realmente está ocurriendo.

        b.- Cuáles son nuestros puntos fuertes.

        c.- Cuáles son sus puntos débiles.

d.- Cuál podría ser la alternativa más correcta a aplicar.

Analizaremos primero, acorde al libro de William Ury, las posturas más habituales que el interlocutor tiene en la negociación:

A.- <u>Inamovible</u>: Muestra una postura fija, aparentemente contraria a la aceptación.

"*Es mi última propuesta. O lo toma o lo deja*".

"*Es lo que hay., las directrices están así marcadas*".

"*A todos se les ha dicho lo mismo, así que Vd. Verá*".

TU RESPUESTA: "A palabras necias, oídos sordos". Como si no hubiera dicho nada. No has oído nada y sigues como si tal. Si te lo repite y enfáticamente, ya se ha convertido en algo serio y hay que tenerlo en cuenta. Entonces habría que entrar en el diálogo que comentamos después y tratar de que se implique en la solución y pedirle consejo. También, parecer inflexible y esperar momentos postreros para ver si el tiempo lo ablanda o conceder alguna cosa no muy importante que le haga sentirse, de alguna forma, victorioso (recordemos la táctica de Lenin: "*un paso adelante y dos atrás*") y modifique su postura, aunque sea, en parte..

B.- <u>Amenazadora</u>: Muestra una postura de supuesto peligro para nuestra posición.

"*O lo aceptan o tendremos que tomar otras decisiones*"

"*No creo que sus jefes sean conscientes de que puede Vd. perder esta operación*".

"*O hacen el esfuerzo o aténgase a las consecuencias*".

"*No entiendo cómo no le ha acompañado su Director. Creo que tenemos más valor que el que ustedes creen*".

TU RESPUESTA: De nuevo, "A palabras necias, oídos sordos". Como si no hubiera dicho nada. No has oído nada y sigues como si tal. Si percibes que es una farolada sigues adelante. Si se convierte en amenaza real, más vale parar y reflexionar, como se explica más tarde.

C.- <u>Con artimañas</u>: En principio una postura amigable pero como fachada para conseguir cosas para su propio beneficio. El "contrincante" utiliza vías alternativas para esconder su posición para, en el fondo, conseguir lo que desea:

"Sabe Vd. que no soy yo quien decide. Lo cojo y lo pasaré a mi superior"

"En ese precio supongo que se incluía el año de soporte, como hace su competencia, ¿no?"

"Es Vd. consciente que con ese precio no obtendremos un adecuado ROI?

TU RESPUESTA: No hay que dejar las vaguedades flotar. Realmente son objeciones que hay que aclarar pues van contra la venta. Utilizar aquí alguna técnica como la del Gallego o aprovechar la pregunta del interlocutor para Reformular y convertirla en algo beneficioso para nuestra posición:

"¿Qué valoraciones hace Vd. y cuales su superior? ¿Le da Vd. la recomendación final o luego él se guía por...?"

"¿Qué tipo de soporte incluye la competencia y basándose en qué precio? ¿Me podría Vd. explicarlo un poco más para poder analizarlo más en profundidad?"

"Me dice que con este precio no obtendrán un buen ROI. ¿Cuáles son todos los parámetros que inciden sobre su ROI?"

Ante una no aceptación y propuesta de ataque por parte del interlocutor, lo mejor es pararse a reflexionar, una buena pausa y respirar. Es hora de tomar distancia y coger perspectiva sobre un asunto de carácter profesional, nunca personal. Si en ese momento pudieras ponerte el traje de astronauta y subir a la estación espacial internacional, ¿no lo verías de otra forma?

Para acercar posturas el interlocutor, que tiene una postura encontrada con nosotros, debe sentir, aunque él a nosotros no nos escuche, que nosotros le escuchamos completamente y entendemos su posición, su postura y por qué nos la está mostrando. Si conseguimos que el interlocutor sienta que nosotros le estamos escuchando y somos comprensible habremos ganado la mitad del camino pues nuestra propuesta, contrapropuesta o decisión posterior será evaluada por él desde nuestra reflexión y objetividad, desde nuestro máximo esfuerzo, no desde una posición de lucha y contraataque ante su postura. Esto es lo que se enseña en el *"Análisis Transaccional"* de Eric Berne: que lo mejor es llegar a una relación Adulto – Adulto e intentar que el Padre vaya a la posición de Adulto, lo que no se logra con el enfrentamiento sino con las preguntas, el diálogo y la comprensión.

Así que lo primero es escuchar y en vez de contraatacar u ofendernos, es mejor hacer un alto y no ponerse nervioso. Si el oponente ha tomado esa postura hay que tener claro que es la suya, no la de todos. Vamos a reflexionar sobre ella de forma objetiva, viendo pros y contras:

¿Es lo que dice o lo que quiere decir?

¿Es esta su posición inicial o final?

¿Tiene intereses ocultos?

¿Está a favor o totalmente en contra?

¿Cuál es su punto débil?

Si tras la pausa lo tenemos claro, bien. Pero si no, basta con decir al oponente que necesitamos pensarlo y ya está. Eso sí, que el otro sienta que necesitamos pensarlo porque lo vemos imposible, no porque vayamos a aceptarlo:

"Entiendo su propuesta pero se aleja del punto de equilibrio. Necesito analizarlo con mi empresa de una forma más profunda."

El interlocutor, desde su atalaya, nos mira con superioridad y tenemos que conseguir llegar a un clima favorable y que la distancia entre su nivel de percepción y el nuestro sea menor.

¿Cómo nos aproximamos?: Preguntándole e interesándonos por él.

"¿Por qué cree Vd. que es así? No lo entiendo del todo. Necesitaría que me lo explicara, por favor."

Animémosle a que se explique sacándole de su posición de Sí o No. Es la mejor forma. Que hable y sienta que le escuchamos. Así haremos que se mueva de donde está y entre en el diálogo sobre las soluciones posibles y las propuestas, que baje de su pedestal al mundo humano y dialogue.

Y, ¿qué tipo de preguntas son las más adecuadas?

El método SPIN, de Neil Rackham, nos lo descubre al hablar de las Preguntas de Posición que son aquellas que se hacen para evaluar el terreno, para aclarar y entender la situación actual del cliente.

Algunos ejemplos de preguntas de situación incluyen:

- *"¿Cuál es su presupuesto y qué plazo tiene para invertirlo?"*.

- *"¿Cuántos empleados hay en su empresa?"*.

- *"¿Cuánto tiempo lleva en este negocio?"*.

- *"¿Cuáles son sus objetivos para este año?"*.

- *"Aparte de usted, ¿Quiénes son las personas clave para la toma de la decisión?"*.

Si nos damos cuenta, son preguntas que no animan al interlocutor a contestar con una mera afirmación o negación sino que le animan a que se explique.

Para ello, hay que hacer preguntas que comiencen por un adverbio interrogativo: Qué, cómo, cuándo, dónde, quiénes, por qué, etc. Así, obligaremos a nuestro interlocutor a explicarse.

Las preguntas han de estar formuladas de modo que no se puedan contestar con un monosílabo, que no parezca un interrogatorio.

Y sabiendo cómo debemos preguntar, ¿qué es lo mejor que podemos hacer?: PEDIRLE CONSEJO. Lo mejor es demandar ayuda por parte del cliente para que nos aconseje (que es lo que más le va a satisfacer en su posición: hablar y que nosotros escuchemos y aprendamos). Así, le haremos preguntas del tipo:

¿Qué me sugiere Vd. que haga?

¿Qué le parecería si...?

¿Cuál sería su postura si estuviera en mi posición?

Con preguntas de este tipo a un interlocutor así se le caería la baba aunque diera la primera impresión de no querer contestar. No deja de ser una postura NIÑO disfrazada de ADULTO frente a un PADRE como se enseña en el comentado Análisis Transaccional.

Además de regalarle el pedestal, conseguiremos entablar un diálogo y que se explique, asuma que hay una discordancia y entre a participar en la solución (recordando el método SPIN, lo que realmente habremos hecho es poner de manifiesto que hay un problema con consecuencias y le pedimos que nos defina las Necesidades Explícitas y cuál sería la solución adecuada para su beneficio. Realmente no deja de ser una artimaña por nuestra parte).

Ahora, una vez pedido el consejo, haremos como hacen los perros cuando se te ponen al lado a pedir comida: te miran fijamente, abren los ojos todo lo que pueden y no dicen nada (por supuesto, son perros) impertérritos Y funciona. Yo siempre acabo dándole comida al mío).

Referente al Status Quo Posicional, cuando el cliente se encuentra en una sensación de posible miedo o inestabilidad es muy difícil que nuestra postura salga adelante.

Los factores pueden ser varios: miedo al puesto de trabajo, a su consideración profesional, a quedar obsoleto, a que algo salga mal, a no saber afrontar el cambio, a la simple toma de decisiones, a no poder afrontar las nuevas tareas, etc. Esto solo lo sacaremos a la luz si previamente hemos sabido preguntar y escuchar. Y no solo preguntas acerca de la solución para su empresa sino advertir su propia situación y en qué modo le afecta a él personalmente.

Viéndolo al revés, cuántas soluciones de informática se han vendido en empresas medias y grandes a mucho mayor precio que la solución de la competencia simplemente porque la solución cara era la de IBM. Miedo. El cliente, ante el abismo del "que pasará", siempre optaba por la solución más firme en el mercado porque "si algo sale mal por lo menos no me habrá confundido en la elección porque es IBM". Pues al revés, también.

Analicemos al cliente y sus sensaciones para tratar de que dé el paso adelante, lo vea como positivo y se anime a hacerlo. Antiguamente era algo más fácil pues las relaciones se forjaban a base de trato personal, comidas, copas, etc. y se producía un mayor diálogo y acercamiento pero hoy, en la era de la tecnología, donde hay clientes autosatisfechos de obtención de información, es más fácil que se parapeten y no permitan esa apertura de conocimiento. Bueno, ahí es donde se debe ver la diferencia entre un vendedor de nivel y uno amateur.

Aquí lo mejor es:

1.- Analizar la solución juntamente con él, paso a paso, sin prisas.

2.- Diálogo, y que el exponga y ayude con lo necesario para avanzar.

3.- Si fuera necesario, se empezaría de nuevo y que él así lo sienta. Todo para evitar tensiones.

4.- Si fuera necesario, se podría quitar la incertidumbre empezando con un proyecto tipo piloto con menor importancia, menores consecuencias.

5.- Aclarar qué es lo que realmente le preocupa, lo que hay de fondo. Esa será la objeción principal que hay que solucionar. Si no, no habrá más negociación.

6.- Analizar si hay otros obstáculos además de los que pone el interlocutor, bien de la empresa o de alguna persona al lado o por encima del interlocutor y si son esos otros obstáculos los que le están haciendo ser tan cauto (obstáculo primario que genera obstáculo secundario).

Referente a la Pérdida de Poder, me viene a la memoria la escena del encuentro final entre el protagonista y Saladino en la película "El Reino de los Cielos" en que éste último, tras duras batallas con los muros destrozados, le dice que se rinda porque no tiene nada que hacer. Va a entrar en Jerusalén sí o sí y matar a todos los cristianos que quedan. Balián de Ibelín, que es el protagonista, no se arredra y le dice que está seguro de que así lo haría pero que para cuando tomen la ciudad no quedará en pie ninguno de los lugares santos también del Islam, todos serían arrasados. Se firmó una rendición sin sangre.

Quiero decir con este ejemplo que todo el mundo puede demostrar poder, quererlo y tenerlo, pero siempre hay consecuencia, a veces, inesperadas.

En esta negociación, nosotros no podemos entrar en una lucha de poder sino intentar dejar claro que con la lucha de poder no se avanza. Y no podemos entrar pues, aunque ganemos algo, podríamos, a la larga, perder todo. No nos dedicamos a imponer soluciones sino a satisfacer necesidades que funcionen. Si ganamos la negociación "por narices" tal vez luego no termine de ser implantada nuestra solución, boicoteada o en el futuro tengamos un enemigo más que un cliente.

Esta es una situación que se da a veces en la venta de ciclo largo donde hay varios interlocutores y hay que dar satisfacción a cada uno. Puede ser que, por ejemplo, encontremos la oposición frontal de los trabajadores o usuarios a la solución. O del Director de Compras o de Personal. Nuestra mejor posición es ser neutrales con la solución, aportar mejora a quien nos la ha pedido y apoyarnos en los estamentos de poder que quieren implantarla y llevar el asunto adelante. Pero no nos olvidemos de los "enemigos". Hablemos con ellos, expongamos las ventajas, quitemos los miedos, sin enfrentamientos, y ofrezcámonos al diálogo y la cooperación como si fuéramos meros asesores, parte de la solución, y tratemos de encontrar puntos de unión y averiguar el porqué de su posición, sin amenazas por nuestra parte y sin que nos vean que pertenecemos a un determinado bando. Venimos a solucionar, no a la guerra.

El caso de la venta que nos afecta no es el de una negociación "per se" pues hablamos de un proceso en que ya nos abren la puerta a encontrar una solución y lo que tenemos son objeciones. Pero sí es verdad que podemos encontrar oponentes en cualquier sitio. Vuelvo a repetir, ninguna amenaza por nuestra parte y no me parece oportuno, en este caso, seguir las recomendaciones para negociación expresadas en el libro comentado de William Ury (quien, por otra parte, es antropólogo e investigador sobre negociación pero que jamás ha vendido nada y llamo vendedor a quien tiene una cuota y al que pueden despedir si no la cumple, no al que vendió unos acuerdos de un país a otro) referentes a:

a.- Mostrar a nuestro interlocutor nuestro MAAN (Mejor Alternativa de Acuerdo Negociado), que es dejar claro que tenemos alternativas pero que, por ahora, no las vamos a utilizar. ¿Por qué digo esto? Porque en el libro de W. Ury, muy en boga para los coaches y negociadores, se habla de que, llegado este punto (entiendo que se refiere a negociación de otro tipo), se recomienda insinuar al oponente que tienes alternativas pero que no las vas a usar, bien de forma directa o subliminal. En la venta nosotros no hacemos amenazas (ni subliminales), ofrecemos soluciones y si encontramos alguna resistencia dialogamos con él, ofrecemos alternativas e informamos de ello a nuestro principal interlocutor.

b.- Formar coaliciones: NO. En los mismos términos que el punto anterior.

Pero sí hay que estar de acuerdo en forjar un acuerdo duradero a base de informar, dejar participar al oponente y siempre con mentalidad y actitud abierta para negociar.

EJERCICIO SOBRE NEGOCIACION

Lee el planteamiento siguiente, reflexiona sobre ello y trata de contestar las preguntas siguientes tratando de tener en cuenta a todos los actores participantes en la escena:

"El Director de la delegación de una importante empresa de consultoría tiene que tomar la decisión para renovar la flota de automóviles de los 10 consultores asociados.

La firma tiene un acuerdo con Mercedes Benz aunque, cada vez que hay una renovación de flota, corresponde al Director local la negociación con el concesionario habitual.

La firma es de prestigio así que el modelo de coche puede ser una herramienta de imagen.

El presupuesto asignado es de 525.000€. La elección se encuentra entre el modelo E220, cuyo precio es de 57.000€ y el ML250, preferido por los asociados y cuyo coste es de 63.000€.

En la negociación, el Director espera sacar algún dinero por los modelos usados aunque no tiene una esperanza de obtener más de 7.000€ por cada uno".

Analizar:

1. ¿Con quién tiene que negociar el Director?
2. ¿Cómo debe negociar con cada uno?
3. ¿Qué debería negociar?
4. ¿Qué modelo de coche crees que debería elegir?

OTRAS TECNICAS

Análisis transaccional con clientes

Cuando recibí mi curso de Análisis Transaccional hace ya décadas me dejó impresionado y, desde entonces, siempre me ha ayudado a posicionarme delante de los clientes, identificar su estado y obrar en consecuencia. Hay psicólogos que están en contra del Análisis Transaccional y optan por la Comunicación sin más. No obstante a mí, sin conocimientos en esa materia pero notando que ha sido útil, me parece interesante transmitiros ese conocimiento en este libro.

Cuando nos relacionamos con los demás, especialmente los clientes, observamos que, algunas veces, tienen un cambio de comportamiento respecto a nosotros. O, también, observamos como el comportamiento de algunos clientes es muy diferente respecto de otros en su relación con nosotros: unos son callados y asienten, otros son dictatoriales, otros dicen un chiste pero si lo tomamos como tal se mosquean, etc.

Eric Berne fue un médico psiquiatra de mediados del siglo XX y fue el fundador y creador inicial del Análisis Transaccional. Profundizó en una serie de procedimientos para descubrir el estado en que estaba cada persona y por qué se comportan de tal manera en un determinado momento.
Identificó tres estados, conocidos como PADRE, NIÑO y ADULTO, llamados Estados de Yo.

Cada estado tiene su forma diferente de pensar, actuar y relacionarse. Y veréis que son fácilmente identificables no solo en vuestra relación con clientes sino también en vuestra empresa, familia, amigos, etc. Vamos a ver cada estado por separado.

Estado de PADRE

Es un estado aprendido a lo largo de una vida, un estado no consciente, transmitido por herencia cultural y que, básicamente se basa en "Esto Es Lo Que Hay Que Hacer"

Es el ordeno y mando, el "yo hablo y tu escuchas y callas", y comprende hábitos personales, culturales, de comportamiento, relación, etc. Su nombre de PADRE ya lo dice todo pues representa el modo de actuar de un padre del hace siglos, regio, basado en el poder y las reglas, las convenciones, leyes, advertencias, etc. El PADRE domina e impone sus normas; fiscaliza y reprocha si algo no va acorde a su parecer. Y suele criticar y apoyarse en dogmas.

Estado de NIÑO

Contrariamente al PADRE, es un estado que viene de la infancia, la inocencia y busca el continuo placer, alejarse de los problemas y no asumir ninguno.

El NIÑO busca complacer a los demás, no tener ningún problema. Le gusta el juego, lo emocionante y todo aquello relacionado con las necesidades y sentidos corporales primarios (comer, beber, reírse, etc.).

En su relación con los demás es impulsivo, ansioso, no aguanta la espera. Y, además, tiene fantasías, sueña. Y como todo niño, ríe y llora, tiene alegría y cólera, vive a veces en el descontrol. Pero también tiene creatividad y curiosidad por las cosas tendiendo a ser creativo y servirse de la intuición.

Estado de ADULTO

El ADULTO es la situación objetiva, fría y neutra. Analiza objetivamente los datos y da respuestas basadas en ellos sin dejarse dominar por las emociones. Se basa en la razón y no en el corazón.

Utiliza el proceso lógico y utiliza los datos del exterior para compararlos, analizarlos y decidirse por la actitud más acorde a la necesidad objetiva de la situación. Es el estado similar a cómo funciona un ordenador.

Una vez vistos los 3 estados, vamos a ver un pequeño ejercicio de comprensión:

Ejercicio de comprensión de los 3 estados

	Estados (P/N/A)
Me tiene que presentar 2 ofertas y que sea mañana antes de las 10.	
No digas tonterías. Esto se debe hacer así.	
Es increíble. Todos los clientes pesados me caen a mí.	
Entonces, ¿Cuál es su proposición?	
¿Me dice Ud. que necesitaré otra demostración más para tener clara la solución?	
Quisiera concertar una entrevista con Ud. Serán solo 10 minutos, no le voy a robar mucho tiempo pues supongo que está Ud. Ocupado. ¿Cuándo tiene un hueco? ¿O le llamo más adelante?	
¡Es imposible vender a unos precios tan altos!	
Estoy encantado de poder verle por fin. Gracias por recibirme.	
Me gustaría saber lo que motivó que optaran por la solución de caucho.	
Más vale que terminemos el informe pues el Jefe va a echar humo.	
¡Je Je! Qué bueno soy. Ya he vendido otro.	
Yo nunca permitiría eso.	
Permítame que lo compruebe y se lo confirmo.	
No se puede consentir que siempre pida una rebaja en el precio.	

* ver resultados en anexo.

Tipos de vendedor

Una vez presentados los 3 estados vamos a aplicarlos a 3 estados de un hipotético vendedor:

1.- El vendedor "salvador"

Se siente por encima de los clientes. Les va a enseñar cómo deben trabajar con su producto y, a pesar de ser un trabajador con un gran sentido del deber, trata a los clientes con superioridad, no siendo el humor su mejor arma

Refleja el estado de PADRE y puede dar lugar a problemas en la relación, a forzar la venta al cliente y puede ocasionar el rechazo frontal de un NIÑO que se encuentre enfrente.

Suele tener una relación con su Jefe bastante tortuosa pues no admite la superioridad del otro por lo que el jefe deberá hilar fino para que trabaje bajo las guías establecidas

2.- El vendedor "ingenuo"

Toma en cuenta la realidad a corto plazo y no toma las medidas adecuadas creyendo que todo le va a salir bien "per se".

Es simpático, alegre, gracioso y le gusta entrar a los clientes por la vía de la alegría, los recuerdos, el fútbol, los chistes, etc. Piensa, con error, que la alegría en la acogida del cliente forma parte de la venta.

Suele visitar a aquellos clientes que mejor le caen y pierde mayor tiempo con ciertos agentes que le caen bien a pesar de no estarle suministrando pedidos en porcentaje similar al tiempo dedicado. Pero con ellos disfruta, en vez del tedio del trabajo rutinario.

Generalmente, espera que el cliente tome la decisión de compra y él siempre está a su disposición para enseñarle, llevarle, facilitarle cualquier dato que necesite para ello. Piensa que el cliente se inclinará por la oferta del mejor "amigo" o del que mejor "le cae".

Es poco autodidacta en cuanto que necesita tener con él, de forma constante, un Jefe PADRE que le vaya guiando y dando órdenes.

3.- El vendedor "razonador"

Tiene pleno control de su trabajo, producto y relación con los clientes.

Sabe analizar las necesidades de los clientes y lo que necesitan para mejorar. Sabe obtener necesidades mediante las preguntas correctas y aplicar soluciones basadas en sus productos en venta más soluciones fiables de terceros.

Si no tiene la solución adecuada no vende al cliente.

Puede parecer frío y distante pues se interesa más por los datos que por las emociones. Su falta de calor no empaña que enseguida se gana la confianza del cliente pues ve en él una solución acertada a sus necesidades y alguien que no le engaña.

El ADULTO controla el entorno y sabe distinguir perfectamente si se encuentra delante de un PADRE o un NIÑO y obrar en consecuencia.

Cómo actuar

Este no es un libro de Análisis Transaccional sino un pequeño empuje a que ahondéis en ello con la gran literatura a vuestro alcance que existe, sobre todo en Internet.

Las relaciones vendedor – cliente del tipo PADRE-NIÑO o del tipo NIÑO-PADRE, generalmente, no funcionan.

Un cliente en modo PADRE subyugará al vendedor NIÑO y le "volverá loco" con petición de datos, demostraciones, ayudas, dudas, etc. que no harán sino entorpecer la decisión de compra la cual, muchas veces, no existe por la nula percepción del vendedor de que exista ahí una oportunidad real. No es que la venta sea imposible pues hay clientes que necesitan dar pedidos a vendedores a sus órdenes (en este mundo hay de todo) pero es una relación demasiado complicada.

La relación de un vendedor PADRE con un cliente NIÑO (lo que muchas veces se llama Venta Forzada) es perseguida como positiva por muchas empresas cuyo objetivo es facturar a toda costa aún por encima de los clientes a corto plazo. Se puede realizar la venta pero dará problemas pues no es una situación del tipo "YO GANO Y TU GANAS", la solución vendida no está ajustada a lo que el cliente necesita y explotará.

Yo he visto muchas veces esta situación, ocasionada también por el empuje de las empresas hacia sus vendedores con el "todo vale". Y he visto soluciones vendidas que sobrepasaban y colapsaban lo que el cliente necesitaba e, incluso, soluciones implantadas que realmente no suponían beneficio para el cliente.

Tipos de transacciones

Berne definió que hay 3 tipos de transacciones entre 2 interlocutores: complementarias, cruzadas y dobles.

Veremos unos ejemplos solo de transacciones y empezaremos por las complementarias, que son aquellas en que uno de los interlocutores envía un mensaje y recibe del otro la respuesta deseada.

Las transacciones **COMPLEMENTARIAS** más habituales son:

- PADRE-NIÑO o NIÑO-PADRE
- PADRE-PADRE
- NIÑO-NIÑO
- ADULTO-ADULTO

<u>- Ejemplo 1: NIÑO-PADRE</u>

Persona A: "*¡Creo que he perdido la operación!*"

Persona B: "*No te preocupes. Ha llamada el cliente y ya lo arreglaré yo*".

<u>- Ejemplo 2: PADRE-PADRE</u>

Persona A: "*¡Ahora el jefe es insoportable!*"

Persona B: "Por *supuesto. No hay quien le aguante*".

<u>- Ejemplo 3: NIÑO-NIÑO</u>

Persona A: "*¡Donde demonios habré dejado el informe!*"

Persona B: "A mí me pasa lo mismo. Soy un despistado".

<u>- Ejemplo 4: ADULTO-ADULTO</u>

Persona A: "*¿Tienen planificadas las paradas para mantenimiento?*"

Persona B: "*Si. Cada dos semanas*".

Este tipo de transacción es abierta, el diálogo es posible y puede continuar indefinidamente. Uno de los estados lanza un mensaje y recibe la respuesta en una línea paralela.

Si lo exponemos gráficamente veremos por qué decimos "paralela"

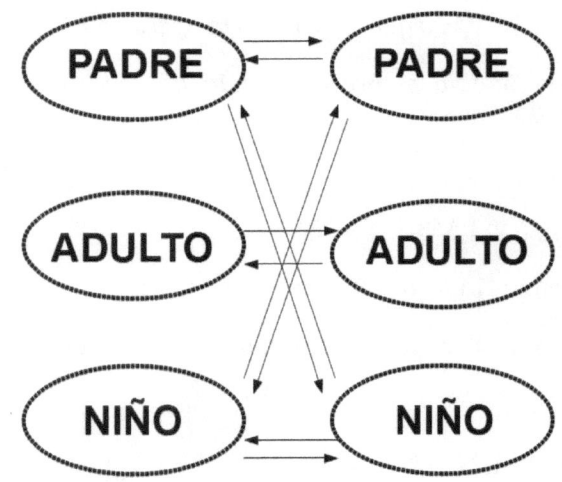

Transacciones Complementarias

Interlocutor 1º		Interlocutor 2º
PADRE		PADRE
ADULTO		ADULTO
NIÑO		NIÑO

En el ejemplo 1 anterior la comunicación va de PADRE a NIÑO desde el Interlocutor 1º y vuelve en una línea paralela desde el Interlocutor 2º de NIÑO a PADRE. Lo mismo para los otros 3 ejemplos.

Si no hay respuesta en una línea paralela se produce el enfrentamiento, como vemos en el siguiente ejemplo de transacción **CRUZADA**:

Persona A: *"No voy a poder cerrar esta operación. Tienes que ayudarme"* (Interlocutor 1: NIÑO a PADRE)

Persona B: *"Me tienen acogotado de trabajo. Ya me puedes perdonar. Otra vez será. "*. (Interlocutor 2: NIÑO a PADRE)

Transacción Cruzada 1

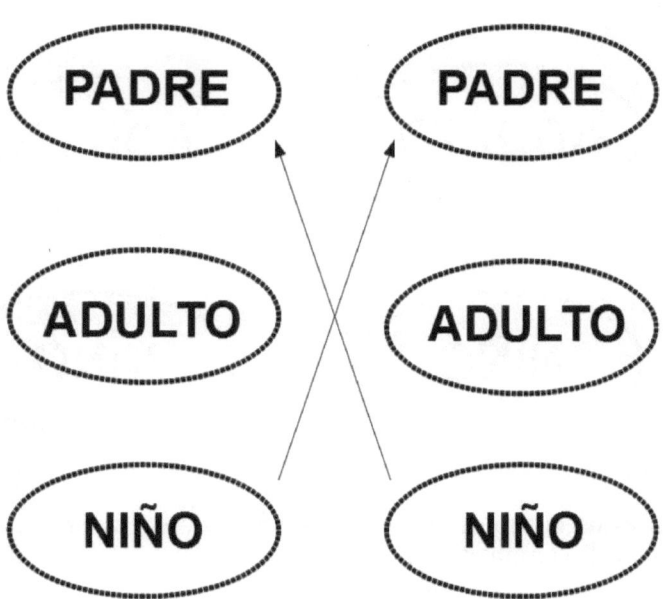

Veamos otro ejemplo de transacción CRUZADA:

Persona A: *"¿Han informado a qué hora tenemos la reunión?"*
(Interlocutor 1: ADULTO a ADULTO)

Persona B: *"¡No te enteras nunca! Vete e infórmate."*.
(Interlocutor 2: PADRE a NIÑO)

Transacción Cruzada 2

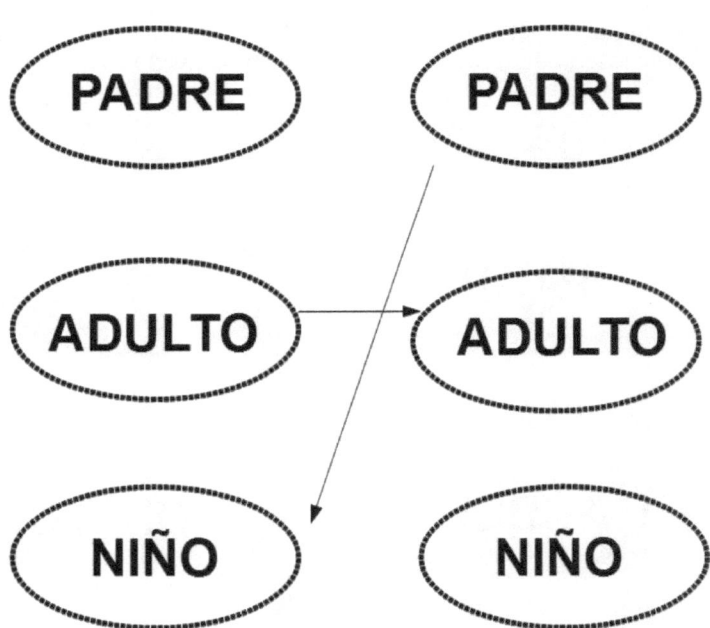

En estos ejemplos las líneas se cruzan y no hay posibilidad de continuar la comunicación.

Por último estarían las transacciones **DOBLES**, donde, además de la interacción clara y aparente aparecen los pensamientos e intenciones ocultas, a veces, malintencionadas y con interés despreciativo o manipulador. No es una interacción honesta y puede llevar a relaciones insanas en el tiempo.

Un ejemplo sencillo:

Persona A (lo piensa): (*"Eres un fracasado"*).
Persona A (lo dice): "¿**Ya has cerrado la venta?**"

Persona B (lo piensa): (*"Se cree que soy un inútil"*).
Persona B (lo dice): "¿**Vuelvo mañana otra vez?**"

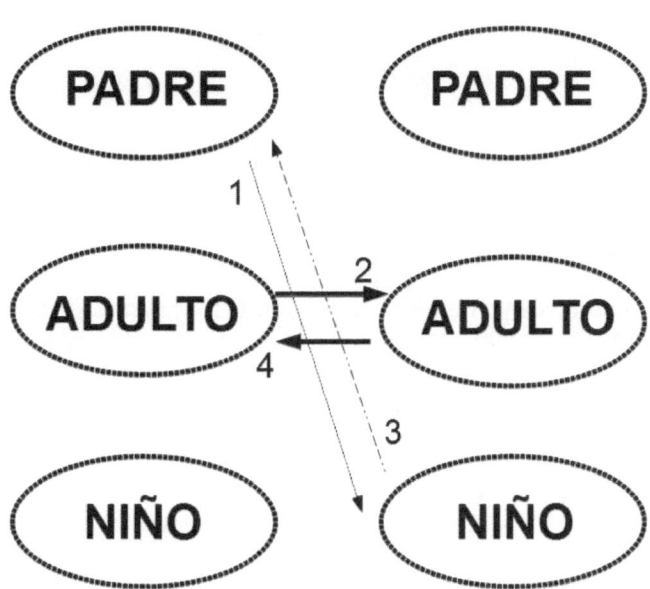

Transacción doble

No voy a extenderme más en el Análisis transaccional y espero que haya servido para abrir vuestra curiosidad.

Evidentemente, la mejor relación es del tipo ADULTO – ADULTO donde hay una necesidad explícita por parte de un cliente y un producto que la soluciona con satisfacción. Los 2 lo saben, confían y se cierra la operación.

Y, ¿qué pasa cuando un vendedor ADULTO se enfrenta a un cliente en estado de PADRE o de NIÑO? Es muy "sencillo". Para poder llevar a cabo la venta es necesario que ese cliente pase del estado de PADRE o NIÑO al estado de ADULTO. El vendedor tiene que lograrlo porque hay una máxima de la relación realmente profesional:

El gran mérito del vendedor PROFESIONAL es que tiene que llegar a resultados sin utilizar el poder.

Pasar a un cliente a estado ADULTO conlleva la relajación y el diálogo para terminar reconociéndose como iguales. Si fuera imposible solo quedan 2 caminos:

1.- Marcharse (aunque duela).

2.- Intentar la venta profesionalmente por nuestra parte mediante una estrategia de paso a ADULTO del cliente a más largo plazo, poco a poco.

En estos casos, cuando me sucede a mí, siempre me acuerdo de un ejemplo que viene en el libro Assimil de aprendizaje de inglés donde, en el Metro, uno pisa a un caballero inglés que le responde:

"Perdóneme Ud. pero creo que he sido lo bastante estúpido como para haber puesto mi pie bajo el suyo. ¿Podría Ud., por favor, mover el suyo?"

Bien. Una vez llevado el cliente a su estado de ADULTO, basta iniciar la venta con el sistema de preguntas (de Posición, Problema, etc.) que ya hemos visto anteriormente. Luego, descubrir necesidades explícitas y solucionarlas para producir beneficios para los clientes.

AUTO-ANÁLISIS TRAS LA LECTURA

¿Has pensado alguna vez por qué te relacionas mejor con unos clientes que con otros?

¿Qué fase de la venta se te da mejor? ¿Por qué?

¿Qué fase de la venta se te da peor? ¿Por qué?

¿Notas que tus clientes te ponen objeciones y tienes dificultad en saltarlas?

¿Tienes preparados guiones de llamada y visita?

En las entrevistas, ¿quién habla más, tú o el cliente?

Cuando llamas por teléfono a los clientes, ¿tienes una actitud optimista, pesimista o neutra?

En general, ¿cómo te sientes con los clientes: Padre, Niño o Adulto?

Después de lo leído, ¿te ha venido a la cabeza alguna situación con clientes que tenga parecido con lo comentado del Análisis Transaccional?

Rapport

Qué es el Rapport

Es un concepto que viene de la PNL (Programación Neurolingüística) y es complicado de utilizar para cualquier vendedor pues necesita que se esté convencido de ello y mucha práctica para que no parezca una exageración y evitar ofender a nuestro interlocutor.

El Rapport no tiene mucha difusión y no es muy usado pero me parece interesante comentarlo. Daremos un repaso resumido al concepto para que cada uno lo pueda luego desarrollar por su cuenta y aplicarlo si lo considera conveniente.

El rapport trata de conseguir la sintonía con el cliente. No se refiere a que las 2 personas sean del mismo equipo de fútbol o tengan los mismos hobbies. Es más profundo, subliminal.

No muchos vendedores piensan o saben que la sintonía con el cliente impacta en la decisión final sin meditar por qué el cliente compró a otro. Con Sintonía se logra:

- Aumentar la capacidad de comunicación.
- Manejar una conversación.
- Obtener influencia en el contexto social.

Cómo conseguir la sintonía

Muchas veces se logra la sincronización de forma inconsciente con la otra parte. Y también se puede lograr aplicando técnicas de rapport.

Rapport es concordancia, compenetración, simpatía, armonía, afinidad, entendimiento mutuo, congeniar. No es más que la capacidad de conectarte con otra persona e influenciar sobre ella.

Con el rapport lograrás caerle bien a cualquier persona e influenciar sobre ella. Viene a ser la forma más básica de manipulación mental.

Una de las bases que tiene el Rapport para que la comunicación llegue a ser excelente es que uno debe colocarse en lugar del otro (sin imitar) poniéndose en sintonía con él en la mayor parte de los aspectos posibles para generar en nuestro interlocutor sentimientos como confianza, identificación, etc.

El rapport empieza por lo más evidente: Copiar la postura, los gestos, la actitud, el estado de ánimo, las palabras que el otro repite con frecuencia. Esto hay que hacerlo con sutileza, sin que sea notado pues sería contraproducente: Si la persona que tenemos delante en la entrevista habla despacio, debemos hablar también lentamente; si habla rápido tenemos que hablar rápido también, etc. Pero hacerlo bien es muy complicado y necesita experiencia.

Y es que la comunicación no se basa solo en las palabras. Veamos de qué se compone:

El lenguaje corporal	55%
El tono de voz	38%
Las palabras	7%.

O sea que el 93% del significado de cualquier comunicación es no-verbal, bien sea por gestos o tono de voz.

Cuando nos entrevistamos con un cliente no solo es importante lo que decimos. Para conseguir una buena sintonía y una plena comunicación es necesario sintonizar con el otro en todo lo demás.

Seguro que has visto personas que tienen postura similar, tono de voz y hasta los mismos gestos.

El proceso del Rapport

Reflejar la psicología exige una pequeña práctica pero no es difícil. Si se estiran, nos estiramos; si están encorvados, nos encorvamos; si hablan rápido o son habladores, nosotros también; si alzan la voz y hablan con contundencia, nosotros también; si son tranquilos, reservados y calculadores, nosotros también; etc.

En realidad empieza con cosas sencillas que llamamos "crear buen clima" como:

- Cuando llegas a la ventanilla del Banco: *"buenos días, parece que tiene mucho trabajo"*.

- Cuando entras al despacho de alguien: "¿Esta *foto es de su familia?*"

El proceso que implica el uso del rapport es el siguiente:

- **Observar**: Las características del otro que nos permitirán reflejarle.

- **Reflejarse**: Igualarse a la otra persona mediante los gestos similares a los del otro (de forma sutil).

- **Dirigir**: Una vez en sintonía, y creada la confianza mutua, podremos llevar a esa persona a nuestros intereses.

Técnica del Rapport

Para llevar a cabo la técnica debes estar muy receptivo con la persona con la cual te quieres comunicar.

VERBAL

Haz que las palabras que utilizas al preguntar, contestar u opinar correspondan y sean las mismas o parecidas a las de él.

Escucha y contesta con las mismas palabras con las que él te ha hablado. Por ejemplo:

Si te dice...	Tú dices....
"Ayer **lo pasé muy mal**"	¿Por qué dices que **ayer lo pasaste muy mal**?
"Lo **veo problemático**"	¿Cómo es que lo **ves problemático**?" o "Yo no lo **veo problemático** por..."

Conseguimos centrar la conversación en lo que piensa el cliente y le hacemos que reflexione. Si en vez de "problemático" hubiéramos usado otra palabra (Ej.: Conflictivo) nuestro interlocutor podría argumentar que no lo es y se podría poner a la defensiva.

NO VERBAL

Reflejamos no las palabras sino los gestos, posturas, movimientos, etc. Y recalco que se trata de REFLEJAR no imitar, y la sutileza es un ingrediente fundamental. Por ejemplo, si el respira despacio, nosotros también. Si habla rápido, nosotros también, si está erguido, nosotros también, etc.

Una vez en sintonía, es momento de tomar la iniciativa. Haremos algún cambio (de voz, postura, movimiento) y si el otro corresponde habremos certificado esa sintonía. A partir de ahora, se supone que la otra persona podría admitir cosas que antes le habrían puesto en contra nuestra.

Y digo "se supone" porque el rapport no es una ciencia y, metidos en cuestiones psicológicas, hay que ser un auténtico experto para hacer las cosas con naturalidad, sin exagerar ni parecer que nos estamos mofando de nuestro interlocutor. Veamos algunos elementos a tomar en cuenta:

Posturas

- Piernas y pies (Ej.: si cruza las piernas).
- Distribución del peso corporal (Ej.: si se echa adelante).
- Posición de los brazos.
- Manos y dedos (Ej.: si se toca el pelo).
- Inclinación de la cabeza, etc.

Voz

- Volumen.
- Ritmo.
- Tipo de palabras, etc.

Respiración: Ritmo de la respiración.

Movimientos: Rápidos o Lentos

Expresión facial: Dirección de la mirada, sonreír, etc.

¡ATENCIÓN!: <u>No son precisamente estos los gestos que hay que hacer. Esto es solo un ejemplo. Cada vendedor deberá observar y elegir aquellos que considere los más adecuados para conseguir un buen rapport.</u>

Consejos para un buen Rapport

1- Comienza con algo sencillo: Copia su postura, su tono o ritmo de voz o su actitud.

2 Hazlo sutilmente, con discreción y delicadeza para que no se dé cuenta.

3- No hagas los movimientos como un robot, simplemente acompasa a la persona. No calques.

4- Se hace muy parcialmente, ya que estos gestos son propios de la otra persona. Sé muy sutil en el reflejo porque podría interpretarse como una burla.

5- Se hace de forma progresiva: Cuando veas que ya sabes crear rapport puedes intentar reflejar cosas más complejas como movimientos de manos, gestos, ademanes, forma de mirar etc.

6- Cuando la otra persona, por ejemplo, cruza los brazos o las piernas, es preferible tomarse un tiempo antes de reflejarlo para que la otra parte no se dé cuenta y que parezca que es una postura natural. Por eso, hay que imitar cada movimiento después de 5 segundos. En un futuro, con la experiencia, ya iremos bajando a 4, 3, 2, 1 segundo.

7- Yo te aconsejaría no ser demasiado estricto en su aplicación, no estar obsesionados con el rapport en cuanto nos enfrentemos al cliente. El objetivo de la entrevista no debe ser el rapport sino vender. Si tienes dudas, no lo hagas.

Proxemia

Tal como podemos leer en Wikipedia:

"El término proxemia (que viene del latín proximus) se refiere al empleo y a la percepción que el ser humano hace de su espacio físico, de su intimidad personal, de cómo y con quién lo utiliza.

Uno de sus mayores estudiosos fue el antropólogo Edward T. Hall para describir las distancias medibles entre las personas mientras éstas interactúan entre sí".

Se trata de mantener el "círculo personal de cada uno".

¿Tienes algún amigo que al hablar se te acerque en exceso y eso a ti te molesta? Es porque cada uno tenemos nuestro propio círculo de intimidad.

Se definen unos círculos de diferente diámetro acorde a la situación y lo cómodos que nos encontramos en esa situación:

<15 cm.   - Zona íntima privada

15-45 cm.   - Zona íntima (plena confianza- no peligro).

46 – 1,2 m. - Zona personal (algo de confianza).

1,2-3,5 m.   - Zona social (desconfianza-desconocimiento).

> 3,5 m.   - Zona pública (control del multipeligro).

La entrevista de ventas se suele producir en la zona personal, y permite el manejo de las manos y todo lo que se refiera a comunicación no verbal.

Algunas recomendaciones:

- Respetar el círculo físico propio de cada uno.
- No tocar.
- No "atosigar "con nuestro excesiva energía.
- Transgredir el "círculo íntimo sensorial".
- Controlar datos privados del cliente y usarlos.

Referente a NO TOCAR, me encontré un día con una excepción: un comercial que recluté me contó que él, vendiendo colchones (de conocida marca) puerta a puerta se encontraba que, una vez abierta la puerta y acceder a sentarse en el sofá de la casa, me comentaba que la posibilidad de vender aumentaba si, periódicamente, tocaba en el brazo a la señora. No puedo certificar si esto es efectivo pero si a él le valía, pues OK.

Referente va nuestra energía o velocidad, tenemos que controlar nuestro estado en comparación con el que tenemos enfrente. Quiero decir, si nosotros hablamos muy rápido y el cliente muy lento, entonces la comunicación se dificulta. Del mismo modo, si somos muy "energéticos" y nuestro cliente es muy "parado" hay un diferencial de actitud que va a hacer imposible una buena comunicación. Por eso, debemos primeramente observar y adaptarnos al estado del cliente. Es como si accedemos a una oficina y el cliente está sentado. Si nosotros nos quedamos de pie, esa diferencia de altura va a dificultar también la comunicación.

A veces, hay que atreverse a transgredir la relación con el cliente y, por qué no, si lo consideramos de forma honrada, poder decir a un cliente: *"Le veo cansado, tal vez tiene mucho trabajo. Si lo desea, podemos reunirnos en otro momento"*. Esto es delicado, hay que tener experiencia y hacerlo con naturalidad. Si es forzado no va a funcionar.

ANEXO I

Auto-auditoría del vendedor

Esta es una guía para que el vendedor reflexione sobre los elementos que rodean su actividad comercial.

Escribe lo más sinceramente posible pues es una guía dedicada solo a reflexionar para analizar, cada uno consigo mismo, en qué aspectos mejorar.

No te quedes corto probando alternativas de actividad hacia y con el cliente pues llegar a ser un vendedor de élite lleva un proceso de aprendizaje, adaptación y cambio para mejorar similar a otras actividades de nuestra vida como el deporte, juegos, relaciones personales, etc.

Y, por último, no pares nunca de leer y escuchar argumentos y conceptos sobre venta que no harán sino aportar nuevas ideas. Lee libros y escucha audio-libros que tengan que ver no solo con el producto o sector de tu actividad sino sobre ventas y mejora con los clientes pero cuidado con los charlatanes y escritores de feria. Tienes que saber separar la paja del trigo y extraer de ahí solo aquellos aspectos que tu intuición y experiencia te dicen que serían aplicables para que tus ventas mejoren.

MI PERFIL PERSONAL

Vendas lo que vendas, en el sector que sea, básicamente no es más que relaciones con las personas. Saber relacionarse, ponerse en el papel del otro, identificar lo que quiere y aportarle una solución son los pasos básicos para vender.

Si estudiamos el perfil de lo que consideramos los mejores vendedores que vemos a nuestro alrededor encontraremos en ellos una serie de cualidades a imitar. De entre ellas, la auto-estima es la más destacada

Una de las mayores barreras para vender es el miedo del vendedor al rechazo por parte del cliente a la oferta presentada. Junto a la autoestima, la perseverancia y el entusiasmo que se transmiten harán del buen vendedor un auténtico profesional.

Muchas veces el vendedor se ve a sí mismo solo en su trabajo como si no existiera la empresa detrás. Básicamente, es la sensación de toda vanguardia, y el vendedor lo es.

Cualidades que debería mejorar yo mismo:
.-
.-

Qué mejorar en mi relación con los demás:
.-
.-

MI PERFIL COMO VENDEDOR

Junto a mis cualidades personales de entusiasmo, auto-confianza, trabajo incansable, empatía, etc., existen una serie de habilidades innatas que hacen que un vendedor pueda desarrollar su labor de ventas con ese determinado producto o sector o cliente bien por el proceso que se necesita para vender, cómo relacionarse con los clientes, el producto a vender, etc.

¿Nos gusta trabajar por objetivos? ¿Nos motiva esa meta a intentar conseguirla? Un vendedor top es ambicioso, desea vender y más que sus compañeros, siente placer cuando cierra un pedido, cuando cobra la comisión y más cuando sus compañeros ven que ha conseguido todo eso. Tenemos que tener claros los objetivos y las actividades necesarias para conseguirlos y todo ello debe ser medible. No vale decir "debería llamar más" sino que hay que decir "estoy haciendo 10 llamadas/día y voy a pasar a hacer 20."

Qué productos/sectores me gustaría vender y por qué:
.-
.-

Qué mejoraría en el proceso de venta actual:
.-
.-

Mis objetivos actuales (ganancias, clientes a cerrar, llamadas/visitas diarias/semanales,..):
.-
.-

MI GESTIÓN DEL TIEMPO

La gestión adecuada del tiempo de ventas es uno de los mayores problemas por resolver y hablamos de tiempo eficiente pues entre todos los aspectos de la actividad que puede realizar un vendedor realmente solo son productivos aquellos que generan el contacto y la visita con el cliente para oír, explicar y firmar. El resto es tiempo perdido de ventas y muchos vendedores que no cumplen la cuota tienen un porcentaje de tiempo eficiente muy bajo. Esto sería lo primero a resolver. Luego vendría a qué clientes aplicamos más esfuerzos en aras de la productividad.

Cómo ocupo el tiempo (%) en llamadas, visitas, papeleo, formación, café, viajes, reuniones, etc.:
.-
.-
.-

Qué me hace perder tiempo de venta:
.-
.-

Cómo podría ser mi tiempo más efectivo:
.-
.-

EL CLIENTE

El cliente cierra por sus propias razones, no por las del vendedor. Encontrar esas razones importantes por las que el cliente está dispuesto a arriesgarse y tomar la decisión de comprar es lo que va a hacer que consigamos el pedido.

Encontramos la razón principal para que el cliente compre haciendo buenas preguntas y escuchando. Y, ¿cuáles son las buenas preguntas? Aquellas que hacen que el cliente nos cuente la razón última por la que, si la satisfacemos con nuestra solución, nos llevamos el pedido.

Los clientes compran por las ventajas y beneficios que le aporta nuestra solución frente a la competencia.

Razones por las que nos compran los clientes:
.-
.-

Necesidades del cliente que mi producto/servicio puede satisfacer:
.-
.-

Preguntas a usar para descubrir la razón última de compra del cliente:
.-
.-

LO QUE VENDEMOS

Un vendedor imaginativo sabe identificar, entre todos los clientes o mercado, aquellos nichos o clientes que más se ajustan al producto a vender para, así, buscar la rentabilidad al menor plazo posible.

El mejor vendedor se pregunta: quien es mi cliente, quien compra ahora mi producto, quien será en el futuro, por qué compra, etc.

Un buen vendedor conoce perfectamente su producto y las ventajas que puede aportar al cliente para satisfacer sus necesidades en términos de beneficio.

Las mejores cualidades tangibles de mi producto:
.-
.-

Las cualidades intangibles más destacadas de mi producto:
.-
.-

Ventajas de mis productos respecto a la competencia:
.-
.-

Qué aporta mi producto a los clientes:
.-
.-

LOS CONTACTOS

Para trabajar a puerta fría bien con llamadas o por teléfono el vendedor, además de una imagen y disposición adecuadas, debe posee la tolerancia como plena virtud, junto a la constancia y fuerza de voluntad.

El trabajo de llamar a puerta fría a potenciales clientes es una labor ardua y tediosa que no es del gusto de nadie si se debe realizar de manera continua por lo que, para ejecutarla con éxito, hay que planificarla previamente con sentido y vencer el rechazo siempre pensando en que el objetivo va paralelo a nuestro beneficio.

En la generación de contactos debe primar la creatividad tanto de la empresa como del vendedor pues si un método no nos está dando frutos deberíamos modificarlo cuanto antes o pasar a otro diferente.

Cómo captaría mejor la atención del contacto:
.-
.-

Qué abre la puerta del cliente antes de hacerle la presentación:
.-
.-

Métodos más efectivos de generar mis contactos:
.-
.-

OBJECIONES

Un contacto que pone objeciones no es un enemigo. Las objeciones existen en toda venta, unas pequeñas y otras grandes y, a veces, el cliente tiene dudas, pide más información y el vendedor lo toma como una objeción.

Las objeciones no hay que taparlas, hay que analizarlas y resolverlas cuanto antes pues son un tumor larvado en la mente del comprador.

Hagamos de cada objeción una oportunidad de demostrar los beneficios que podemos aportar para que el cliente nos compre. Cuando oímos: *"Es demasiado caro..."* no siempre es una objeción sino que la mayoría de las veces es verdad. Si previamente hemos investigado con buenas preguntas y hemos extraído las necesidades explícitas del cliente e incluso averiguado el presupuesto que tiene y el exceso de presupuesto que está dispuesto a asumir por el extra de beneficio que le aportamos, la cosa estará hecha.

Objeciones de mis clientes y cómo las salvo:

Objeciones	Cómo salvarlas

CIERRE DE LA VENTA

El momento del cierre es el más importante en el proceso de la venta así como el gol lo es de un partido. El vendedor que, tras una relación amigable y entrañable con un cliente, no cierre la operación terminará frustrado y no habrá producido más que un coste para su empresa.

El peor enemigo del vendedor es la precipitación. ¿Era el momento de pedir el cierre? ¿Hemos investigado suficiente como para tener claro que el cliente nos iba a decir que sí?

El precio suele ser la objeción más importante y la que menos quiere abordar el vendedor. Además, en estos momentos de cliente bien informados y con acceso ilimitado a comparar alternativas, el precio es la cuestión que el vendedor mejor tiene que resolver. ¿Cómo? Orientando la venta al valor añadido que nuestro producto crea o suma para el cliente.

Dos aspectos del cierre complicados para mí:
.-
.-

Qué siento cuando el cliente dice que es caro:
.-
.-

Valores que mi producto aporta a un cliente:
.-
.-

ANEXO II

Ejercicios sobre venta consultiva

EJERCICIO 1
Diferenciación de P. de Situación y de Problemas

	Situación	Problemas
¿Trabaja Vd. en proceso continuo?	X	
¿De cuántos almacenes dispone?	X	
¿Le funciona el nuevo simulador?		X
¿Cuesta conseguir los informes?		X
¿Cuánto expiden cada hora?	X	
¿Controlan los errores de secuencia?		X
¿Hace mucho que instalaron el programa?	X	
¿Qué es lo peor del sistema?		X
¿Utilizan algún líquido suavizante?	X	
¿Está usted satisfecho con la nueva línea?		X
¿Le crea problemas el proceso de venta?		X

EJERCICIO 3
- Diferenciación de Preguntas de Implicación y preguntas sobre Utilidad

	Implicación	Utilidad
1.- ¿Sería útil si elimináramos el stock?		X
2.- ¿Qué le cuestan esas paradas relativo a la entrega continua?	X	
3.- ¿Tiene eso consecuencias para otras personas en su empresa?	X	
4.- ¿Qué beneficio resultaría de aumentar el rendimiento en un 12%?		X
5.- ¿Qué acarrea la parada por averías en cuanto a los costes?	X	
6.- Si el sistema va a soportar un segundo proceso, ¿Realmente lo soportará?	X	
7.- ¿Estarían interesados en un nuevo programa de mejora del control de producción?		X
8.- ¿En caso de poder rebajar plazos de entrega? ¿Qué significaría para su empresa?		X

EJERCICIO 4
- Comprensión del método SPIN

1	Cierto	Cuando hablamos de Necesidad Explícita incluimos el deseo del cliente por encontrar una solución.
2	Falso	Las preguntas sobre las consecuencias de los problemas ponen de manifiesto las necesidades reales de los clientes.
3	Falso	Es bueno hacer muchas preguntas de situación.
4	Falso	Es bueno hacer muchas preguntas de problemas para que se explique el cliente.
5	P. de situación	¿Tienen presupuesto asignado para la compra?
6	P. de problemas	¿Están satisfechos con el resultado de la feria?
7	P. de problema	¿Le crea problemas de tiempos de respuesta el contrato de servicio que tiene actualmente?
8	P. de utilidad	¿Qué haría Vd. con el espacio libre que le quedaría si se decidiera por la solución de escanear documentos?
9	P. de implicación	¿Cómo afecta a los costes el segundo turno?
10	P de implicación	¿Cuándo se avería tienen que hacer contratación externa?

Respuestas:
9-10: Excelente.
7-8: Bien pero se deben entender los fallos.
<7: No se ha entendido el concepto.

Ejercicio: los 3 estados del A. Transaccional

(P: Padre   N: Niño   A: Adulto)

	Estados (P/N/A)
Me tiene que presentar 2 ofertas y que sea mañana antes de las 10.	P
No digas tonterías. Esto se debe hacer así.	P
Es increíble. Todos los clientes pesados me caen a mí.	N
Entonces, ¿Cuál es su proposición?	A
¿Me dice Ud. que necesitaré otra demostración más para tener clara la solución?	N
Quisiera concertar una entrevista con Ud. Serán solo 10 minutos, no le voy a robar mucho tiempo pues supongo que está Ud. Ocupado. ¿Cuándo tiene un hueco? ¿O le llamo más adelante?	N
¡Es imposible vender a unos precios tan altos!	P
¡Estoy encantado de poder verle por fin! Gracias por recibirme.	N
Me gustaría sabes lo que motivó que optaran por la solución de caucho.	A
Más vale que terminemos el informe pues el Jefe va a echar humo.	N
¡Je! Qué bueno soy. Ya he vendido otro.	N
Yo nunca permitiría eso.	P
Permítame que lo compruebe y se lo confirmo.	A
No se puede consentir que siempre pida una rebaja en el precio.	P

ANEXO III

Ejercicio "Entrevista con el cliente"

V: vendedor   C: comprador

	Observaciones
1.V Buenos Días, Sr. Flores. Represento a la compañía de informática Koldor S.L.	Presentación
2.C Encantado. ¿Qué desea?	Saludo.
3.V Vendemos soluciones de hardware y software para la implantación de solución completa de la gestión integrada de las empresas.	Presentación
4.C En este momento no creo que necesitemos nada.	Objeción
5.V ¿Tienen Uds. Implementada alguna solución ya?	P. situación
6.C Sí.	
7.V Me podría indicar qué tipo de solución?	P. situación
8.C Tenemos uno o dos PCs con un paquete de gestión que funciona muy bien	
9.V ¿Quiere decir que integra todas las necesidades de su empresa?	P. situación con tendencia a problema

10.C Si, si, por supuesto.	
11.V Vale, pues entonces no le molesto más. Encantado de haberle conocido.	Despedida y muerte.

Supongamos que el vendedor no da por acabada la conversación sino que quiere ahondar un poco más

12.V ¿Llevan también las nóminas en su sistema?	P. situación
13.C No. Las lleva la gestoría.	¡ATENCIÓN!
14.V Muchas empresas implantan soluciones sencillas de nóminas lo que les permite tirarlas a menor coste que con la Asesoría y además integran datos con el programa de Contabilidad directamente.	Anzuelo para indagar si hay o no Problema.
15.C Si, eso estaría bien pero luego esos programas cuesta ponerlos en marcha.	Problema más objeción de precio.
16.V Y, ¿como llevan la gestión de entradas y salidas de almacén con relación a su programa de gestión?	P. situación
17.C En el almacén funcionan con fichas que luego traen a Administración y se meten los datos en el sistema. Es engorroso pero funciona.	
18.V Y, ¿no les ocurre a veces que no se corresponden los datos de almacén con los del sistema? Algunos clientes nuestros tuvieron muchos problemas de extravío de fichas	P. de Implicación
19.C Si. Ha pasado y nos ha llevado tiempo cotejarlo pero al final, más o menos, ha ido bien.	

20.V Entiendo que las cosas, cuando hay voluntad, salen más o menos bien pero seguro que Uds. estarían encantados con un pase automático de los datos entre departamentos.	Indaga si necesidad.
21.C Si, estaría bien pero he oído que son soluciones caras.	Hay necesidad y objeción.
22.V Antes de ello, me gustaría saber, además, si tienen Uds. Integradas a las delegaciones en el sistema.	P. situación
23.C No, y eso si es un problema al que habría que dar solución pues tenemos una falta de control en las dos direcciones.	Necesidad Explícita.
24-V En SAEZ S.L. les pasaba lo mismo que a Uds. y entre lo que se ahorraban por llevar las nóminas, la fiabilidad de los datos entre departamentos y la integración con los datos de las delegaciones amortizaron la solución en 18 meses a la vez que mejoraron la seguridad de la información.	Referencias
25-C Eso suena bien.	
26-V Entonces, sería útil y beneficioso para Uds. tener integrada la nómina, almacenes y delegaciones como en SAEZ y amortizarlo en año y medio?	P. de Utilidad
27.C Si eso fuera verdad sería para tomar una decisión pero me gustaría comprobarlo……….	Necesidad Explícita

ANEXO IV

Guía ante objeciones en "llamadas frías"

Cuando el vendedor llama a un cliente por primera vez es muy usual que el cliente ponga alguna objeción y, así, quitarse al vendedor de encima. Adjunto lista de posibles salidas a la objeción del cliente para saltarlas y avanzar un paso para concertar una entrevista personal:

1.-"Ahora no tenemos presupuesto

- *Sr. Sobrado, lo entiendo sobre todo en estos momentos pero, cuando dice que no hay dinero para eso, ¿me podría decir cuáles son sus prioridades?*

- *Sr. Urkidi, lo entiendo perfectamente y por eso le llamo en este momento pues lo que le quiero mostrar realmente ahorra dinero que ahora es fundamental y ese dinero lo podrían Uds. asignar a otra partida.*

- *Perfecto, pero el presupuesto no es el problema pues el reto que tiene Industrias Alba hoy es invertir sabiamente su dinero en aquello que ayuda a ir hacia adelante ahorrando costes y de eso es de lo que le quería hablar.*

- *Correcto D. Antonio. Eso es ahora la preocupación de todas las empresas pero ustedes tienen unos retos ahora de mejora de la productividad sin que se disparen los costes y de eso es de lo que yo le quería hablar.*

- Lo entiendo pero ¿cuál sería su respuesta si le dijera que estaríamos hablando de un inmediato retorno de la inversión y además resolver un problema para Industrias Garbi?

2.-"Ahora no es una prioridad".

- ¿Me podría decir cuáles son ahora sus prioridades?

-Mi llamada era relativa al ahorro inmediato de costes y eso siempre es una prioridad.

- Mi llamada era relativa a la solución de empaquetamiento que estaban buscando y le quería hablar sobre una solución inmediata a ello que además ahorra costes actuales.

3.-"Vale. Envíeme más información"

- El martes por la mañana estoy cerca de su oficina. ¿Le vendría bien que pasara con la información a las 9? (si dice que no) ¿Mejor al mediodía o por la tarde a última hora? ¿El Miércoles? ...

- ¿De qué asunto específico sobre lo que hemos hablado quiere que le envíe la información?

- ¿Qué información concreta le interesa que le envíe?

- Para una información más concreta, ¿cuáles son las soluciones que están buscando en ese departamento?

4.-"Es muy caro"

- ¿Qué quiere decir cuando dice que es caro?

-¿Están interesados en un ahorro de costes en ese área que justifique un esfuerzo que merezca la pena?

-¿Tienen experiencia con soluciones como esta?

-¿Han valorado lo caro que les supone no aplicar ninguna mejora en ese área?

5.-"Yo no soy el que decide"

-En ese caso, ¿Me podría indicar el nombre o cargo de la persona que decide?

-¿Me podría dar usted algún consejo para cuando hable con él?

-¿Sabe usted cuáles son las prioridades sobre ese problema/proyecto/solución?

-¿Cuáles son las mayores carencias o problemas que les ocasiona el no aplicar una buena solución a ello?

6.- "Ahora no. Llámeme en otoño"

-¿Cuáles son sus prioridades actuales?

-¿Por qué prefiere que le llame en Otoño? ¿No tienen pensado abordar el problema antes habiendo una clara solución de mejora y ahorro de costes?

-¿Por qué prefiere que le llame en Otoño? ¿Va a cambiar alguna situación que provoque en ese momento la toma de decisión en vez de ahora?

7.- "Estamos viendo otra solución"

- Y, ¿Qué es lo que les gusta/no gusta de ella?

- Nuestra solución está implantada en muchas empresas como la suya y en todas ha supuesto una mejora y ahorro de costes medible. ¿Tenemos la oportunidad, sin ánimo de molestar, de presentarles los beneficios que les proponemos?

- ¿Me podría decir, aproximadamente, el presupuesto que están planteándose para esa solución?

ANEXO V

Consejos sobre ventas

Una selección de los posts más directamente relacionados con el trabajo del vendedor que van apareciendo en el Blog de mi Web laventaperfecta.com.

1. NAPOLEON HILL y por qué te pagan

Napoleón Hill (sería sin tilde pues es nombre en inglés), fue un escritor de principios del siglo XX conocido por ser, en la práctica, el primero en escribir libros de autoayuda. Conoció a Carnegie, en su momento uno de los hombres más ricos del mundo, quien le animó a indagar en cuáles deberían ser las virtudes comunes a aquellas personas claramente triunfadoras. Con su ayuda y sus contactos, investigó durante años las características de los prohombres de su época y escribió numerosos libros: "Piense y hágase rico", *"La actitud mental positiva"*, *"La clave de la riqueza"*, etc., siendo el primero de ellos el que más fama le dio.

En sus libros y en su vida nos enriqueció con muchas frases dignas de ser recordadas.

"Crea un plan para llevar adelante tu idea y, tanto si estás listo o no, ponlo en práctica de forma inmediata".

"Si no puedes hacer grandes cosas, haz pequeñas cosas pero a lo grande".

Yo os animo a investigar en ellas pero la que más me ha gustado a mí es: *"El mundo no te paga por lo que sabes sino por lo que haces o induces a otros a hacer"*

Esta frase, en mi opinión, encierra la clave del trabajo de un Director Comercial (y de todo, aunque este es un blog sobre ventas) y me hace recordar otra frase que escuché un día y no sé el origen:

"Más vale que te despidan por lo que haces que por lo que no haces".

Se entiende, por supuesto, que obramos con criterio y sensatez y no producimos catástrofes.

2. Cómo NO conseguir que un cliente NO nos dé buenas referencias

Conforme la empresa va creciendo se va apoyando cada vez más en su base "satisfecha" de clientes para conseguir, a través de ellos, buenas referencias y atacar cuentas nuevas.

Si una empresa seria quisiera tener auténticos frutos de este proceso, solo lo conseguiría teniendo un protocolo y servicio bien implementado para que los productos que ha vendido a sus clientes produzcan realmente los beneficios que han prometido y lo hagan con eficacia y productividad. Y esto significa creérselo e invertir (no gastar) en servicios. No vale con que sean los vendedores los únicos que tengan que dar la cara sino que toda la empresa debe estar alineada con ello.

¿Qué metas hay que marcarse para conseguirlo?

- **Un funcionamiento continuo del producto**: Desde la entrega e instalación, los tiempos de no-funcionamiento, mantenimiento o reparaciones deberían tender a cero o ser percibidos como necesarios y no lesivos, que es lo que el cliente espera de lo comprado y (seguramente) de lo que se le ha prometido.

- **Un trabajo continuo para mejora**: Mientras nos relacionemos con él, iremos recogiendo datos y sensaciones sobre los productos, aspectos de mejora, etc. para implementarlos en el futuro y dar mejor solución.

En suma, un cliente satisfecho: No solo le funcionan las cosas como le hemos prometido sino que, aparte de una relación personal enriquecedora, generamos confianza del cliente en nosotros como proveedor que siempre estará a su lado y como suministrador de futuras soluciones fiables.

3. Hay que cualificar rápido

Muchos vendedores se ponen delante del teléfono o del cliente y, tal vez por educación, asignan el mismo tiempo a todos los clientes esperando a que termine la entrevista para poder hacer su valoración (haya resultado a favor o en contra). NO.

Una de las características de los buenos vendedores es que no pierden el tiempo con aquellos contactos que arrojan una probabilidad de que no van a comprar. Se focalizan en aquellos que parecen más inclinados a comprar (o de los que hay una percepción de que son más propensos a comprar).

Y esto no se da solo en las llamadas sino en todo el comportamiento comercial: optimización de su gestión del tiempo, la determinación de los prospectos y de los nichos de mercado, visitas a puerta fría, captación de agentes, etc.

OPTIMIZAR ES TRIUNFAR

HAY QUE ESTABLECER UNA LISTA DE CRITERIOS CLAROS PARA CUALIFICAR A LOS POTENCIALES CLIENTES Y, ASI, DEDICARSE A LOS QUE PUEDEN COMPRAR Y NO PERDER EL TIEMPO CON EL RESTO.

4. El vendedor "esquizofrénico"

Tal como podemos leer en Wikipedia: "La esquizofrenia es un diagnóstico psiquiátrico en personas con trastornos mentales caracterizados por alteraciones en la percepción o la expresión de la realidad".

Releyendo el libro *"The Six-figure Consultant"* de Robert Bly, me parece interesante transcribir su exposición de la interacción de un vendedor con un cliente, lo que éste quiere y la diferente percepción de la realidad que capta el vendedor:

LO QUE DICE EL CLIENTE: *"Tengo un proyecto. ¿Me puede enviar su información?"*

LO QUE EL VENDEDOR OYE: *"El cliente me necesita"*

LO QUE EL CLIENTE QUERÍA DECIR: *"Estamos recogiendo información de potenciales candidatos".*

LO QUE HARÁ EL VENDEDOR: Enviar info por mail o fax y seguimiento en una semana.

LO QUE EL CLIENTE DICE: *"Tu info está en algún sitio por aquí pero no la hemos echado un vistazo todavía".*

LO QUE EL VENDEDOR OYE: El cliente ha elegido a otro.

LO QUE EL CLIENTE QUERÍA DECIR: *"Tenemos otras prioridades y el proyecto no es tan urgente".*

LO QUE HARÁ EL VENDEDOR: Pregunta cuándo volver a llamar para seguir en contacto.

LO QUE DICE EL CLIENTE: *"He mirado su info por encima y parece interesante pero no hemos decidido qué dirección tomar. Estaremos en contacto".*

LO QUE EL VENDEDOR OYE: *Han escogido a otro.*

LO QUE EL CLIENTE QUERÍA DECIR: *"Las cosas han cambiado y el proyecto ha perdido importancia".*

LO QUE EL VENDEDOR HARÁ: Mantener el contacto cada 3-4 meses para otros posibles proyectos.

LO QUE EL CLIENTE DICE: Nada. No devuelve llamada.

LO QUE EL VENDEDOR OYE: *Han elegido a otro.*

LO QUE EL CLIENTE QUERÍA DECIR: *Estamos ocupados con otras cosas. (Tal vez han elegido a otro).*

LO QUE HARÁ EL VENDEDOR: Mantener el contacto, cada ciertos meses, por email, fax o teléfono.

Gran libro el de Robert Bly que yo recomiendo. Ya lo vemos. Una interacción comercial que se aproxima al título del post. Incomprensión por falta de comunicación (¿Y de profesionalidad, interés?)

¿Y dónde está la investigación de las necesidades del cliente? ¿Qué quería y necesitaba realmente ese cliente?

Sólo lo sabremos investigando con paciencia **haciendo buenas preguntas para luego ESCUCHAR**, ESCUCHAR y ESCUCHAR.

5. La regla del 7

Las investigaciones de marketing prueban siempre la misma obviedad: antes de que una persona o futuro cliente se decida a comprar tu producto o solución, debe conocerte, conocer tu empresa, tu fama, tu servicio, etc. Todo para **depositar su confianza en ti**.

Con el primer email, tweet, llamada, etc., las personas tomamos una primera impresión y tal vez el nombre y alguna otra cuestión del otro pero nadie compra solo con 2 o 3 "puntos de contacto". Antes, el cliente tiene que ir viendo que resolvemos sus preguntas, incertidumbres: ¿será de confianza?, ¿me dará buen servicio?, ¿realmente cumplirá lo que dice?, ¿su producto ex fiable?, ¿será un precio adecuado?, etc.

Ahora bien, **¿cuantos toques o diferentes puntos de contacto son necesarios** para llegar a ello? En compra compulsiva está claro que no hace falta más de 1 pues el cliente, al entrar en el establecimiento, se encuentra ya en un entorno que le aporta la parte de confianza necesaria. Pero **en venta B2B depende** del tipo de venta, producto, ciclo de venta, etc. Y dependerá del mix entre publicidad, relaciones públicas y capacidad de cierre comercial para intentar minimizar el coste comercial por contacto y maximizar el ROI (retorno de la inversión o del interés del contacto).

Se suele responder con una cifra que va entre 5 y 20 y se estima que, en general, **un promedio razonable son 7,** como planteó el experto en marketing Jeffrey Lant con su "Regla del 7".

Esto querría decir que deberíamos plantearnos 7 puntos de contacto (email, llamada, visita, informe, etc.) antes de ganarnos su confianza o que el otro nos conozca "suficiente". Y Lant propuso que para penetrar en un mercado y acceder plenamente a un cliente se necesitaban 7 puntos de contacto en un plazo de 18 meses, lo que equivale a 4-5 en un año. Esto no es ciencia pues no hay un trabajo estadístico serio que lo avale pero sí nos aproxima a darnos cuenta de que la confianza de las personas se gana con el tiempo y la relación enriquecedora. En algunos casos bastará con 3 y en otros con más de 10. La mejor respuesta siempre es "depende".

Tenemos que conocer la idiosincrasia de nuestro mercado y conocer cuántos puntos de contacto promedio necesita nuestro proceso de venta para conocer las necesidades del cliente y poderlas satisfacer con confianza para que la decisión de compra del cliente se incline a nuestro favor.

6. El "tiempo útil"

Nuestros amigos de la infancia lo son por el tiempo que les dedicábamos. Sin embargo, hoy, no tenemos tiempo para dedicarlo especialmente a nada y vivimos lo que los estudiosos llaman el "presentismo". Lo que nos ocurre o comentan ahora se esfuma a los pocos segundos, el pasado no existe y nuestras relaciones se basan en lo que haremos, más que en lo que hemos hecho o estamos haciendo ahora.

Un buen ejemplo lo vemos en el experimento del Washington Post en que el famoso violinista Joshua Bell tocó 43 minutos en una estación del Metro con apenas atención por parte de los viajeros y recogió 34 dólares cuando tres días antes el auditorio estaba lleno para escucharle a 100 dólares la entrada.

Hoy un político dice algo y nadie se escandaliza si, 10 minutos después, dice lo contrario. Y esto se acentúa en campaña electoral.

¿Y nosotros? Nos pide alguien una entrevista y pensamos que nos van a hacer perder el tiempo y nos cuesta aceptarla.

¿Y con nuestros clientes?

Para ser un buen vendedor hay que escuchar al cliente, pero escuchar bien y activamente lo que conlleva dedicarle tiempo, tiempo "útil" para el cliente y para nosotros. Sin este tiempo útil no es posible profundizar en la relación, no solo con el cliente sino con el socio, compañero o jefe. Para ello, hay que tener paciencia y tratar de ser más naturales en nuestra relación con las personas. Es por esto que, muchas veces, el trabajo de un vendedor con sus rutas de visitas optimizadas, planificadas y automatizadas no tiene resultados duraderos a largo plazo.

7. ¿Es realmente el final de la venta de soluciones?

Un estudio de una consultora americana, Consultive Executive Board entre casi 1.500 clientes del entorno B2B (Business to Business) pone sobre la mesa algo que ya se intuía y es que los clientes, teniendo ahora acceso a multitud de fuentes de información y comparación a través de Internet, foros, colegas, clusters, etc, han completado casi el 60% de su proceso de decisión mucho antes de tener la primera entrevista con los vendedores.

Ya no es el vendedor el proveedor de la información. Ahora los clientes comparan entre los proveedores aspectos residuales como probabilidad de compromiso, plazos de implantación, precio final, formas de pago y poco más.

Por eso, los vendedores (y cuanto más compleja es la venta, más), tienen que abordar los clientes mucho antes de que se haya empezado a tomar datos para el proceso de decisión.

8. Vender soluciones, satisfacer necesidades y relacionarse con los clientes

Para saber si tenemos delante un cliente potencial deberemos preguntarnos:

1.- ¿Tiene o puede tener presupuesto para afrontar la compra?

2.- ¿Necesita comprar para cambiar o mejorar?

3.- ¿Está descontento con su situación actual?

9. Crear demanda, generar problemas y necesidades y aconsejar a los clientes

En el mundo actual con clientes plenamente informados mucho antes de haber tenido la primera entrevista con los vendedores, ya no vale investigar sus necesidades y satisfacerlas con soluciones pues ellos ya saben cuáles son.

Ahora la nueva estrategia comercial es CREAR DEMANDA, GENERAR PROBLEMAS-NECESIDADES y ACONSEJAR A LOS CLIENTES CÓMO COMPRAR.

Crear demanda

Los mejores vendedores ponen un mayor énfasis en el potencial del cliente para cambiar que en su potencial de compra. En resumen, en qué necesita el cliente para mejorar y como aporto yo mi granito de valor añadido que le ayude a mejorar.

Supongamos que estamos 3 competidores presentando cada uno su propuesta y cuando llega nuestro turno decimos:

"Ya que tenemos solo 45 minutos para presentar nuestra oferta me parece más oportuno que la leáis vosotros mismos porque este tiempo me gustaría dedicarlo a las dos cosas que creo son importantes para vosotros y no aparecen en la petición de propuestas".

Esto es demoledor. No hay competencia. El cliente nos escuchará solo a nosotros ya que le estamos revelando aspectos nuevos de mejora que ellos no tenían en cuenta.

Hay que hacer que los clientes (sobre todo en venta compleja y/o larga) sean conscientes de necesidades desconocidas para ellos. Si lo descubrimos no tendremos competencia.

Y, ¿cómo se consigue esto?..... Provocando que los clientes salgan de su situación confortable, analicen nuevos aspectos de mejora y entonces aplicar una de nuestras soluciones.

Este proceso implica un cambio en nuestra filosofía comercial donde los aspectos del marketing ganan peso y la flexibilidad de nuestra empresa para adaptarse y ofrecer soluciones debe ser alta.

Generar problemas y necesidades

Para ello, lo primero es saber identificar el perfil del cliente con el que nos hemos o vamos a relacionarnos y debemos priorizar la relación con clientes que estén o puedan estar en proceso real de cambio o mejora de sus procesos o empresa.

El perfil más deseado es aquella persona altamente motivada por la mejora de su empresa que está siempre abierto a nuevas ideas y a ver los procesos de su empresa desde diferentes puntos de vista siempre para mejorar.

El menos deseado es aquel solo preocupado de su situación personal y de que nada se mueva para que no le afecte a él por lo que, seguramente, no tendrá ningún interés en hablar con ningún vendedor.

Entre estos dos perfiles hay un amplio rango de prototipos, incluido el cliente conversador, siempre dispuesto a recibir al vendedor y charlar con él. ¡CUIDADO! Está claro que hay clientes que necesitan la relación ocasional con el vendedor como forma de mantener la confianza pero este tipo de interlocutor es un gran generador de tiempo perdido de ventas.

Trabajar con clientes del perfil más deseado, planificando con antelación las llamadas y visitas para analizar y proponer valor, es de donde obtendremos los mejores frutos. Pero este tipo de clientes no se sentirán a gusto con los "vendedores de características+beneficios" sino con aquellos que se interesan, investigan aportan valor añadido.

El vendedor no es un mero visitador "médico" o persona simpática con el que los clientes están a gusto. Los mejores vendedores son altos planificadores de cada acción siguiente con el cliente, se interesan por sus procesos de trabajo, preguntan con interés y vuelven a su oficina para tomar por los cuernos los recursos de su empresa y adaptarlos para presentar al cliente una oferta con un valor diferenciado para mejorar tal o cual aspecto del cliente.

Aconsejar a los clientes

Si cada vez es más difícil para un comercial vender soluciones complejas, todavía es más complejo para lo clientes comprarlas.

¿Cómo podemos guiar a un cliente a través del proceso de compra cuando, probablemente, no comprendemos la idiosincrasia de la organización del cliente? Hay que pasar a una metodología que reoriente a los vendedores sobre los procesos de compra de sus clientes.

El objetivo es tener vendedores que analicen los pasos previos que el cliente debe dar antes de la decisión de compra para conocerlos y ayudar al cliente en ese proceso. En vez de tratar de ir cumpliendo un conjunto de actividades de venta (modo tradicional) debemos basarnos en esos pasos previos (reconocer necesidades, evaluar las diferentes opciones, filtrar y tomar una decisión) y dar al vendedor las herramientas apropiadas para "ayudar" al cliente en cada paso. Y, además, que el vendedor tenga completamente documentado el proceso de compra del cliente.

Así, conociendo todos los pasos, podremos darnos cuenta si podemos aportar valor en alguno(s) de ellos y, entonces, no tendremos competencia ni el precio será la objeción fundamental.

Sobre todo en ventas complejas, largas, donde hay varias personas envueltas en el proceso de decisión y todas ellas con acceso ilimitado a datos previos antes de verse las caras con un vendedor, PODRÍA SER EL FIN DE LA VENTA DE SOLUCIONES.

10. El sonido de un vendedor

Veamos una conversación típica entre un vendedor y un cliente:

CLIENTE: *"Ahora que he visto su solución, ¿Piensa realmente que podrían ayudarnos con ello?"*

VENDEDOR: *"¡Absolutamente! (o ¡Por supuesto!)".*

Esta respuesta con tanto entusiasmo es el primer paso para no conseguir el pedido del cliente.

Las personas normales no responden así y a los clientes les gusta relacionarse con gente normal, no con charlatanes.

Por lo general, las personas responden: *"Estoy seguro, creo que lo haremos bien, seremos capaces de hacerlo bien..."*

Hay que intentar responder dando la sensación de seguridad pero sin ser un charlatán precipitado. Esto hace que el vendedor pierda el control y el cliente se ponga a la defensiva.

Respondiendo como una persona normal estaremos al mismo nivel que el cliente y tendremos la oportunidad de hacer más preguntas para:

- ❖ Descubrir problemas.
- ❖ Ahondar en las consecuencias de no comprar.
- ❖ Sacar a la luz nuevas oportunidades

¡QUE NUNCA TE DIGAN QUE SUENAS COMO UN VENDEDOR!

11. Cómo calentar una llamada fría

Quien hace las preguntas controla la conversación, a no ser que hagamos una pregunta tonta.
Una de las peores cosas que podemos hacer al comenzar una llamada fría es decir...

¿Puede concederme un momento?

Puedes pensar que estás siendo respetuoso pero realmente lo que estás haciendo es eliminar tus oportunidades de generar una llamada exitosa. ¿Por qué? Porque preguntando esto le das la posibilidad de que se deshaga de ti:

<u>Vendedor</u>: *"¿Puede concederme un momento?"*
<u>Contacto</u>: *"Ahora estoy muy ocupado. Llámeme la semana que viene. Adiós".*

En un instante hemos perdido el control con la pregunta tonta. Lo hemos hecho porque sabíamos que su agenda estaba saturada y no tendría ni tiempo para coger el teléfono. Estaba hecha con buena intención y es que los comerciales son los únicos que preguntan si pueden interrumpir a la persona a la que están llamando.

TODAS LAS LLAMADAS NO PROGRAMADAS SON INTERRUPCIONES.

Cuando llamamos a amigos, colegas, etc. no pedimos ese permiso pero los vendedores sí lo hacen. Preguntando esto ponemos al contacto sobre aviso de que le queremos vender algo y forzamos a que quieran deshacerse de nosotros antes de que empecemos a vender.

En lugar de eso, sería mejor preguntarle sobre algún problema que le esté causando el producto o alguna incidencia, carencia o necesidad que tenga similar a la que ha tenido otro cliente al que le hemos ya resuelto el problema. Si conseguimos incidir en el problema correcto seguro que atraemos su atención y querrá continuar la conversación, se olvidará de que les hemos interrumpido y controlaremos la conversación.

"HAY QUE HACER PREGUNTAS QUE REMUEVAN SUS EMOCIONES".

12. Napoleón y los 6 principios del éxito

En el libro "Napoleon on Project Management", de Jerry Manas, se analizan las fortalezas y debilidades de Napoleón Bonaparte y las aplica al mundo actual de los negocios. Nos habla el libro de los seis principios que conducen al éxito:

1. **EXACTITUD**: Hay que tomar conciencia de cada situación y actuar sin demora.
<u>Para la venta</u>: Hay que hacer investigación de mercado, estudiar las necesidades del cliente, obtener información y estudiarla, prevenir riesgos futuros, etc.

2. **FLEXIBILIDAD**: Saber adaptarse y manejar, de forma apropiada, los recursos en cada momento.
<u>Para la venta</u>: ser flexibles en nuestras posiciones, adaptarse a lo que quiere el cliente, siempre dispuestos al cambio.

3. **FUERZA MORAL**: Es lo que permite conseguir la victoria.
<u>Para la venta</u>: una buena filosofía de empresa y ética en las actuaciones. Un equipo motivado y que trabaja unido para conseguir el objetivo. Un equipo que es fiel a la empresa.

4. **VELOCIDAD**: Napoleón nunca demoró sus batallas cuando creía que eran necesarias. Y era consciente del entorno político, de sus fuerzas y de los tiempos. Siempre daba respuestas rápidas y acertadas y sabía reducir las resistencias.
<u>Para la venta</u>: Hay que dar el todo por el todo y actuar con rapidez pero sin precipitación. No dejar para otro día lo que se debe y puede hacer hoy. El Director Comercial debe estar siempre alerta y vendedor deberá saber cerrar y no aburrir al cliente.

5. **SIMPLICIDAD**: Claridad en la comunicación y comprobar que el receptor ha entendido el mensaje.
<u>Para la venta</u>: El Director Comercial deberá guiar con instrucciones y objetivos claros y sencillos. El proceso de venta será el más sencillo posible así como los mensajes al cliente y su relación con nosotros.

6. **CARÁCTER**: Precisión, personalidad y liderazgo innato.
<u>Para la venta</u>: El Director Comercial deberá guiar a sus vendedores con honradez, pleno control y responsabilidad. Y esos mismos valores son los que los vendedores deben transmitir en sus relaciones con los clientes.

También, en el libro nos cuentan cuatro señales críticas de advertencia:

1.- EL PODER: el efecto que puede producir es el aislamiento del líder y la creación de un abismo con su equipo. También, nos puede conducir a la impaciencia y quitarnos tiempo para pensar con tranquilidad, gestionar adecuadamente, preocuparse por los demás, delegar, etc.

2- LA ESCASEZ DE LÍDERES EFECTIVOS: Para cualquier proyecto, es necesario contar con líderes que tengan habilidades y hay que invertir recursos en la formación y consolidación de esas habilidades. Si esos líderes no están en nuestra empresa, no hay que contentarse con lo que tenemos sino que hay que contratarlos externamente.

3- EL CELO EXCESIVO: Lo mejor suele ser enemigo de lo bueno y, por impaciencia, cabezonería o demasiada presión, podemos embarcarnos en ideas u objetivos que no se van a poder realizar u objetivos.

4- LA VIDA DESEQUILIBRADA: No "quemarse". Dieta saludable, ejercicio moderado, sueño adecuado y un equilibrio entre trabajo, familia y ocio. El gran golfista Jack Nicklaus decía que, para ser un golfista feliz y en equilibrio con su familia, había que dedicar al golf menos tiempo del que le gustaría (¡y gano 18 majors!).

<u>Frases de Napoleón Bonaparte relacionadas con los 6 principios:</u>

"Cada uno de los movimientos de todos los individuos se realizan por tres únicas razones: por honor, por dinero o por amor".

"Mi misión es tener éxito y soy bueno para lograrlo. Yo creo mi Ilíada a través de mis acciones y la creo día a día".

"Sostenga sus principios. El resto es solo detalle".

"Vístanme despacio que tengo prisa".

"La batalla más difícil la tengo todos los días conmigo mismo".

"En las operaciones militares no consulto a nadie. En las operaciones diplomáticas consulto a todos".

13. ¿Vendemos o nos compran?

La distancia entre el dependiente del Estanco y un vendedor de enciclopedias es, desde el punto de vista de la transacción comercial, abismal.

En el primer caso estamos hablando de pura compra. El dependiente está en modo espera y su pregunta es: *"¿Qué desea?"*. El comprador lo dice y el dependiente le sirve. Sin embargo, en el segundo caso, el vendedor lleva detrás toda una formación y técnicas de primer contacto, cómo abordar al cliente, sonsacarle su inquietud, añade conceptos intangibles, etc. para conseguir un pedido que, la mayoría de las veces, es casi imposible. Entre estos dos extremos están todas las empresas.

En cada caso particular habrá que tomar conciencia de hacia qué lado estamos más próximos, hacia la compra o la venta, y obrar en consecuencia. Más hacia la Compra la balanza se inclinará un poco al marketing reactivo, de imagen y valores, confianza, calidad, servicio, etc. Según nos vamos acercando a la Venta habrá que tener en cuenta más la selección de los vendedores y su perfil adecuado: las necesidades específicas del cliente y nuestra aportación de valor diferenciada; las técnicas de venta; control de la actividad comercial con programas CRM, etc.

Hacia uno u otro lado es crítica la definición que hagamos de los perfiles necesarios que deberán tener los vendedores y si, por ejemplo, tendemos hacia la Venta y contratamos para vendedor a una persona muy amable, bondadosa, empática pero con ninguna tolerancia a la prospección o a la lucha tras los rechazos de los clientes estaremos perdiendo tiempo y dinero. Lo contrario sería menos grave aunque al final el dependiente de alto perfil se nos acabaría marchando.

AHORA TOCA VENDER Y NO QUE NOS COMPREN

Durante los años de burbuja inmobiliaria ha sido usual en las empresas promotoras hablar de "vendedores", "hemos vendido", etc. sin darse cuenta de que todo eran compras. Digo esto pues muchas promotoras inmobiliarias, ahora en crisis, no tienen ningún arma interna de venta ni energía hacia la venta proactiva por haber estado acostumbrados a que les compraran. No tienen ningún poso vendedor, que es lo que hay que hacer ahora. Siempre les queda contratar a un buen Director de Ventas y cambiar sus dependientes por buenos vendedores pero para eso hace falta dinero (que es lo que escasea) y en esa dificultad es donde se ven los buenos empresarios.

14. Otro enfoque de la entrevista de ventas

Cuando planificamos (ya es mucho decir) o pensamos (es suficiente) cómo va a ser la entrevista que vamos a tener con el cliente, solemos fijar qué es lo que vamos a decir, qué queremos presentar y a ver si hay suerte.

Esta es una mala aproximación al momento que nos va a tocar lidiar. Y una técnica mejor es planificar la entrevista pensando en el objetivo que marcaremos y que será todo aquello que nos tiene que dar el cliente y debemos conseguir sí o sí. Si el cliente nos tiene que dar una nueva cita y no lo hemos conseguido, no hemos cumplido el objetivo. Si nos tiene que dar un contrato, señal o reserva firmados y nos vamos sin ello: objetivo no cumplido.

Esta forma de trabajar por objetivos y resultados es la mejor. Al Director Comercial, cuando nos pregunte para qué vamos a la reunión, le tendremos algo concreto que decir que justifique nuestro tiempo de ventas. Y cuando luego pregunte qué tal nos ha ido, querrá recibir respuestas del tipo:

"Objetivo cumplido. Tengo el contrato firmado" (o *"me ha dado la información"*, o *"tengo los nombres de los que van a decidir"*, etc.).

Para qué vale que le digamos: *"Ha sido agradable. Luego hemos ido a comer y vuelvo la semana que viene"*.

15. ¿Por qué no se valora la HUMILDAD cuando se selecciona a un vendedor o un Director Comercial?

Es muy común en los procesos de selección de vendedores y directores comerciales pensar que un candidato es bueno por tener un gran ego, agresividad, una gran opinión de sí mismo y hasta un poco engreído. Se supone que será una persona con una gran auto-estima y que será la admiración de sus compañeros. Pero ser engreído no es lo mismo que auto-estima (o digamos que se podría llamar una auto-estima subjetiva, en contra de la objetiva).Y es que hay mucho convencido que hay que contratar a un Director Comercial que refleje superioridad (seguramente porque se quieren alejar del desesperado) y que aparezca como "sobrado" para el puesto. Incluso serían felices si pudieran contratar dos "sobrados", a ver quién de ellos se gana el puesto. Pero luego, esa persona no escuchará a nadie y será impertinente en sus relaciones, hasta un poco despreciativo

Yo entiendo por qué pasa esto. Básicamente, por miedo. El problema vendrá luego cuando las cosas no vayan derechas y ese perfil de persona, que seguramente no estará muy dispuesto a la reflexión, la adaptación y al consejo de otros, estará perdido y no garantizará objetivos ni a medio ni a largo plazo.

Miguel de Cervantes dice en el famoso Diálogo de los Perros que *"la humildad es la base y fundamento de todas virtudes, y que sin ella no hay alguna que lo sea."* Y opina que la modestia y la discreción mejoran las demás virtudes y enriquecen la personalidad.

Parece, entonces, que algo malo no es sino que es origen de mucho y bueno. Pero es increíble cómo la humildad se percibe mucha veces como una debilidad cuando ser modesto, respetuoso, tener deseo de aprender, estar abierto a reconocer los errores y las nuevas ideas, etc., son las virtudes en las que todos estamos pensando.

Y es que el Director Comercial debe ser humilde para darse cuenta, en todo momento, de la posición comercial de su empresa por si son necesarios cambios; humilde para analizar sin soberbia a la competencia; humilde para analizar sus posibilidades actuales de conseguir objetivos y proponer cambios a su empresa; y humilde para no ser cegado por el espejismo actual que no le deja ver los oscuros nubarrones que se pueden avecinar.

16. En qué perdemos el tiempo más habitualmente

Termina la jornada y no hemos llevado a cabo muchas tareas que teníamos planificadas, en mente o con intención de realizar y es que se ha volado el tiempo. Hay ciertos **ladrones diarios del tiempo** que roban o disminuyen drásticamente nuestra eficacia:

1. Email

Somos presos de la respuesta inmediata a los mails que nos entran especialmente si son de clientes sin pararnos a pensar en su prioridad y respecto a la planificación de nuestras tareas.

Como norma general: *No responda inmediatamente a ningún email.* Hay que diferenciar los mails con prioridad absoluta y trate de no estar pegado a su email sino a la prospección de clientes, el conocimiento de ellos y las entrevistas de seguimiento o cierre.

2. Internet y Redes Sociales

A no ser que se sea un especialista de la empresa para redes sociales, pueden convertirse en una auténtica distracción para el vendedor.

Márquese un tiempo diario o semanal fijo para atender las redes sociales y lleve un protocolo claro de conexión, resolución y desconexión y dedíquese a lo realmente importante. Y en cuanto a la navegación por Internet, sea conciso y concreto en su uso para la búsqueda de información sobre los clientes y competencia y nada más. Y de esto, márquese tiempos máximos de navegación para no caer en la mera distracción.

3. Café, tabaco y chismes entre compañeros

Por parte del vendedor hay que ser muy honrado y dedicarse realmente a lo productivo. Y, por parte de la dirección, hay que tener un estricto control de las pérdidas de tiempo aquí pues, muchas veces, nos darán un claro índice de que alguno de los comerciales sobra. *Confianza no es libre albedrío.*

No pierdas tiempo con un cliente que no va a comprar si es que tu solución no es adecuada para él.

4. Gestión de las tareas

Tras cada llamada hay que actualizar inmediatamente los datos para lo que es recomendable trabajar con la pantalla del CRM enfrente. Luego, preparar las acciones y visitas posteriores.

Esto se podría aplicar también al tiempo dedicado a los agentes o distribuidores donde hay que poner especial atención a **no perder el tiempo con aquellos que no nos traen clientes** ni generan pedidos.

17. Receptividad del Cliente a nuestras propuestas

La receptividad depende de la percepción que el cliente tenga sobre:

1.- Su situación actual: ¿Tiene necesidades? ¿Está en momento de compra?

2.- Nuestra propuesta como cambio de esa situación.

3.- La discrepancia entre la realidad presente y los resultados que el Cliente desea conseguir.

Hay 4 situaciones del cliente las que hay que responder adecuadamente:

1.- **Crecimiento**: si el Cliente tiene la percepción de que quiere crecer y nuestra propuesta le ayuda, es la mejor de las situaciones pues la probabilidad de venta es elevada.

2.- **Dificultades**: el Cliente tiene la percepción de que va a peor y nuestra solución puede ayudar a que no pase.

"Alguien compra cuando hay una DISCREPANCIA entre la percepción de la realidad hoy y los resultados que espera".

3.- **Equilibrio**: el cliente no ve la necesidad. La probabilidad de venta es baja. Solo nos queda provocar nosotros la Discrepancia: Con nosotros va a mejorar o... ¡cuidado! Las cosas van a empeorar y necesitas adelantarte cogiendo mi solución. Tenemos que tener muy fundamentada la Discrepancia para que el cliente la tome como argumento válido.

Ej.: competencia que fabrica el doble que tú por haber contratado mi solución.

4.- **Exceso de Confianza**: Imposible vender. Mejor dejar pasar el tiempo y mantenerse en contacto continuo.

18. Un minuto para vender

"Lo bueno, si breve, 2 veces bueno".

Los anuncios de TV suelen durar 20 segundos y en ese corto espacio de tiempo tienen que llamar nuestra atención y disponernos a comprar (si es que estamos en momento de compra).

Esta mentalidad de momento breve es la buena para un vendedor. En vez de aburrir al cliente deberíamos ser capaces, en no más de 1 minuto, contar al cliente todo lo importante que tenemos que ofrecer.

Vivimos en un mundo acelerado, con prisa donde no queda tiempo para llamar la atención luego hay que sobresalir sea como sea.

¿Qué debemos decir/hacer en 1 minuto?

1.- Quienes somos.

2.- Una pregunta al cliente sobre sus necesidades.

3.- Una breve solución a la necesidad expresada por el cliente.

4.- El compromiso o cierre.

EJEMPLO:

- *"Mi nombre es Pedro Herra, de la empresa Leverts, especialistas en la optimización de la logística de las empresas. ¿Cuánto tiempo tardan en empaquetar y que llegue la mercancía a sus clientes?"*

- *"Seis días".*

- *"Con nosotros lo puede hacer en de tres días".*

Así se simple. En este ejemplo, como buenos profesionales de ventas, habría que tener en cuenta lo siguiente:

1.- Conocíamos previamente que eso era un problema para el cliente y que deseaba mejorar y aplicar una nueva alternativa (obtenido por nuestra investigación previa, por tendencia de ese sector, por nuestra experiencia con otros clientes,...).

2.- Nuestra pregunta estaba preparada para poder ofrecer una ventaja tras su respuesta.

3.- Hay que cerrar la venta y pedir firma de contrato.

4.- Es mejor pecar de precipitado que no atreverse a cerrar

¿Que no es siempre o habitualmente tan simple como se menciona aquí? Evidentemente. Pero lo que nos hará triunfar será nuestro posicionamiento frente a los clientes y nuestra mentalidad: Breve, concisa, clara y precisa (como los informes militares).

Estamos con el cliente no para trabar amistad sino para vender.

19. Qué es vender

Saber vender es una de las más claras diferencias entre un vendedor experto y uno novato. Cuantas veces nos ha ocurrido pedir un embudo de ventas a nuestros vendedores y comprobar cómo estaba lleno, sobre todo a medio plazo, de operaciones virtuales sin contenido ni posibilidad real de convertirse en ventas. El vendedor expresaba (y muchas veces auto-creía) una situación que no era real.

Vender es cerrar lo que es probable que se pueda cerrar no lo que al vendedor le gustaría que pasase

¿Por qué pasa esto? Aparte el vendedor que miente, hay una falta de profesionalidad para cualificar y ser honrado consigo mismo. Hablamos de operaciones que son posibles, existen, y no de aquellas en las que no hemos buceado ni tan siquiera un metro.

O el prospecto es real o no hay operación. Y esto es más grave todavía cuando es el propio Director Comercial que no es rígido con las posibilidades y permite que el vendedor ponga los mismos potenciales clientes fantasmas en cada embudo que le presente. Y lo digo por experiencia pues en mis años de comercial tuve un compañero que entonos los embudos ponía las 2 mismas empresas de siempre y ¡con posibilidad de cierre a medio plazo! Y el Director ya hasta se mofaba de ello y se lo permitía. Eso no es profesional: Si no hay potenciales clientes sobre los que realmente se está trabajando hay que reclutar inmediatamente un vendedor que sustituya al actual. En esto hay que ser radical.

Ocurre parecido con el forecast (previsión). Todos sabemos que hay días y periodos mejores y peores en la venta pero, así y todo, hay vendedores que por sistema tienden a aumentar sus expectativas en cada periodo pues de otra forma piensan que se va a pensar que no valen. Luego llegan los resultados y no coinciden con la previsión.

La venta se basa en hechos y resultados reales que pueden suceder

Aquí también tiene el Director Comercial la máxima responsabilidad. Una previsión errónea genera un caos financiero y de expectativas de empresa y es que esto no lleva al siguiente axioma:

Necesitamos plasmar el promedio de la probabilidad de cierre y que los vendedores se impliquen en que todos los datos deban basarse en la máxima realidad. Sin una visión clara de las posibilidades de venta no hay presupuesto que se sostenga ni futuro claro para la empresa.

También, cuando los datos son reales y el vendedor ve que es posible alcanzar la cuota todo es más satisfactorio y al vendedor le recompensa aplicar los esfuerzos necesarios para ello, incluso las llamadas a puerta fría se hacen más llevaderas. Y todo porque sentimos que nuestras expectativas se pueden cumplir.

20. ¡No odies las llamadas "frías"!

La mayor parte de los vendedores consideran las llamadas a puerta fría como un lastre pero piensan que son imprescindibles para vender. Los mejores vendedores lo practican regularmente y dominan las técnicas de llamadas consiguiendo ratios altos de citas.

Si un vendedor odia las llamadas a puerta hasta el punto de no poder realizarlas, entonces tiene un grave problema. Y si se prolonga en el tiempo el vendedor dejará de cobrar comisiones y su empresa dejará de vender. En este caso, es preciso saber dónde está la presión como para no atreverse a llamar.

Nosotros solo podemos ayudar y ofrecer nuestros productos o servicios para ayudar a resolver sus problemas.

Si el contacto tiene un problema lo tendrá que resolver él y no nosotros. Nosotros sólo podemos ayudar. Esta es una actitud muy positiva que nos debe relajar a lo largo de una conversación y debe disminuir la presión que nos suscita la llamada.

Cuando llamamos, nuestro objetivo es descubrir problemas y poner sobre la mesa como resolverlos con nuestras soluciones. Si antes de realizar la llamada los objetivos que te pones son demasiado altos, esto llevará a una presión innecesaria muy difícil de resolver.

Es fundamental, antes de cada llamada, tener preparado el guión de la conversación y claras las posibles objeciones y resoluciones a ellas. Servirá de ayuda un conocimiento de la empresa del contacto ya que cuanta más información tengamos más rica será la conversación.

Vamos a establecer una posible secuencia para las llamadas:

1. Hacer una muy breve introducción sobre nosotros y nuestras soluciones.

2. Hacer preguntas para descubrir problemas y oportunidades.

Parece simple pero no lo es. Ejemplo:

(VENDEDOR): "Buenos días. Mi nombre es Fernando Aser. Ayudo a las empresas a mejorar su Departamento Comercial y posicionarse mejor en el mercado para vender más cuando los demás no lo hacen......[en el momento preciso].... ¿Han bajado sus ventas últimamente debido a la crisis o se ha replanteado que una parte importante de la culpa está en su propio personal y estrategia comercial y no se aplican los remedios drásticos que necesita? ¿O tal vez desconoce cuáles son esos remedios?"

Vemos aquí que hemos seguido el guion anterior:

- Nuestra introducción y preguntas al cliente (ya estamos en marcha).

- Que la introducción no sea demasiado larga. No se trata de asustar al interlocutor, ni cansarle (lo justo para abrir la puerta).

Por supuesto que, a veces, nuestro guion no funciona y debemos adaptarlo a nuestra conveniencia hasta sentirnos cómodos con el que nos resulte más fructífero. A partir de ahí, extraer problemas, profundizar en ellos y buscar oportunidades para que nuestros productos o servicios apliquen soluciones a esas oportunidades.

21. Tipo de comprador

Cada persona, y por ende cada comprador, es diferente. Y parece obvio que si entendemos la personalidad de nuestro interlocutor nos será más fácil la comunicación con él y nos permitirá encaminarla a nuestro objetivo.

Distinguiremos cuatro tipos de comportamiento:

AMIGABLE: Necesita comprensión así como está dispuesto a ayudar. La relación con él es amigable, sin prisas, prima la escucha sobre el habla, no hay tensión. Con él la relación debe ser de confianza, con garantía en la toma de decisión. Mejor reunirse con él por la tarde y asignar suficiente tiempo para que la relación madure teniendo que llevar nosotros la iniciativa

DOMINANTE: Tiene que controlarlo todo, tiene prisa, controla la conversación y produce decisiones inmediatas. Por eso, necesita respuestas instantáneas, no admite pérdida de tiempo ni titubeos. Es objetivo y selecciona con total seguridad entre las diferentes alternativas propuestas. Mejor reunirse con él por las mañanas, suministrarle abundancia de informes y datos y dejarle hablar.

ANALISTA: Se basa en los resultados y la investigación y decide basado en la lógica y los hechos contrastados dejando aparte los sentimientos. Por eso, es necesario darle todos los detalles e información en nuestra mano, ser sincero y objetivo. Como con el dominante, nos reuniremos mejor por la mañana y habrá que suministrarle abundancia de datos pero deberemos llevar nosotros la iniciativa.

SOCIAL: Tiene facilidad para las relaciones sociales de forma espontánea y es más partidario del conjunto que de los pequeños detalles por lo que necesita sus tiempos para desarrollar la relación y hay que centrarle en los aspectos concretos para focalizarlo en el cierre de la venta. Hay que dejarle hablar y la tarde es la mejor hora para reunirse con él.

22. Venta agresiva o amable

La venta agresiva, tan en desuso hoy día y denostada por muchos, asusta a muchos comerciales que no se atreven a saltar el precipicio ante el cliente para preguntarle lisa y llanamente:

Pero, entonces ¿me va a comprar o qué?

Demasiado directo Hay quien opina que es contraproducente pero tiene la virtud de acortar el ciclo de la venta y no perder el tiempo con el cliente, sobre todo cuando las razones envueltas en el proceso son escasas y tangibles, es un producto conocido y de entrega inmediata. También se puede utilizar en muchas prácticas directas a puerta fría, teléfono o correo.

Por contra, en la venta más amable primero investigamos las necesidades del cliente y luego entramos en una relación con el comprador para intentar satisfacer esa necesidad de tal forma que el cliente no es forzado a tomar la decisión sino que ésta surge en el proceso de negociación.

La tendencia actual hacia una venta negociada, amable, de consultor, del "yo-gano-tú-ganas" puede, en muchas ocasiones, aletargar la capacidad innata del depredador que percibe cuando el comprador puede saltar al precipicio y sabe provocarlo. Es como en esgrima: hay un momento cuando la distancia es corta que hay que dejar de lado la técnica y dejar aflorar el instinto depredador; en ese momento siempre decía Fernando, mi profesor, que ya no hay esgrima, solo atacar y ganar.

Muchos comerciales olvidan lo fundamental: CERRAR. Si percibes que puedes amarrar el pedido déjate de contemplaciones y negociaciones Pues se hace venta consultiva para cerrar los tratos no para llevar relaciones amables y candorosas con los clientes. En vez de titubear, dile al comprador algo parecido o a:

"¿Tienes dinero, no? Pues firma y paga ya, que no puedo perder más tiempo contigo y tengo que ir a por otro cliente.

(Y no olvides ser amable).

23. La entrevista con los clientes

LA PRESENTACION

Fundamental contar con una buena imagen para inspirar la mayor confianza posible en nuestro interlocutor.

Preguntar por la persona con la que hemos hablado por teléfono indicando quienes somos y que hemos sido citados por ella. Nuestro primer objetivo será usar técnicas para "colarnos" dentro

EL SONDEO

Nuestro objetivo será determinar cuáles son las necesidades del cliente: Preguntando.

Un buen comercial no es el típico charlatán de feria que habla como una ametralladora.

Es fundamental elegir correctamente las preguntas en el sondeo.

Las preguntas han de estar formuladas de modo que no se puedan contestar con un monosílabo.

Las preguntad deben obligar a nuestro interlocutor a explicarse.

Hemos de ir investigando cuáles son las necesidades de nuestro cliente y a medida que las vayamos detectando, debemos de ir tomando nota escrita o mental de ellas.

LA ARGUMENTACION

Argumentar es explicarle al cliente por qué debe comprar nuestro producto y convencerle de sus ventajas y beneficios que le aporta.

Debemos argumentar no en base a las características del producto sino en base de sus ventajas y beneficios.

Es importante que, dependiendo del producto que vendamos, sepamos de antemano las objeciones más frecuentes que nos van a plantear los clientes.

EL CIERRE

Hemos de conseguir cerrar la venta con un compromiso por parte del cliente de que va a adquirir nuestro producto. Tener algún documento firmado refuerza psicológicamente es compromiso del cliente con nosotros.

Si demoramos el momento del cierre, no atreviéndonos a plantearlo cuando el cliente ha dejado de hacer objeciones, entonces le estaremos ofreciendo una imagen de falta de seguridad.

Si tenemos dudas de cierre la mejor técnica es la de cierre directo:

"Entonces Sr. López, vamos a solicitarle un seguro a todo riesgo para su coche."

Un buen comercial jamás debe recriminarle al cliente el hecho de que no haya comprado.

24. ¡Mantén la mirada en el objetivo!

Cuanto más dirijas la vista a sitios diferentes durante tu entrevista más harás trabajar a tu cerebro y a más información menos concentración en lo importante.

Mantén tu concentración en lo que vas a querer decir y fija la vista en el objetivo durante breves periodos de tiempo. Haz eso mientras completas un pensamiento o frase mientras sostienes la mirada en tu interlocutor.

Dirige luego los ojos a otra persona mientras piensas en otra cosa o pronuncies otra frase.

25. Cómo aumentar el número de contactos

Un comercial con una alta tolerancia como habilidad innata estaba realizando una gran cantidad de llamadas a puerta fría a gerentes de pequeñas empresas para conseguir entrevistas para la venta de un producto inmobiliario basado en inversión de rentabilidad por alquiler y re-venta pasados cinco años. El número de llamadas era importante pero las citas conseguidas eran casi inexistentes.

Ante la falta de frutos en su esfuerzo, la solución fue reflexionar en la tipología de cliente que podría comprar ese producto, los motivos de compra y como satisfacerlos nosotros con nuestra solución.
No todos los clientes conforman el tipo de comprador para nuestro producto así que segmentamos los gerentes por sectores escogiendo aquellos de menor incertidumbre, un número de empleados suficiente pero no demasiados para no tener de freno intermedio a una secretaria voraz.

Elaboramos una guía de conversación telefónica con el desbroce de los elementos de refuerzo del producto así como una lista de las posibles objeciones y su resolución. Nos focalizamos en aquellas preguntas que incidían en la baja rentabilidad que el cliente conseguía por su dinero en contra de las ventajas del plan que le presentábamos.

Por último, establecimos un protocolo de actuación con una carta previa de presentación antes de la llamada para tratar de calentar la llamada fría. Y posteriormente un email para dejar por escrito lo comentado y la hora de cita

El número de citas aumentó espectacularmente.

RECOMENDACIONES

1.- Definir el perfil de nuestro cliente ideal.

2.- Identificar las motivaciones de los clientes para comprar.

3.- Preparar previamente las herramientas: carta de presentación; guión de llamada con lista de refuerzos, lista de objeciones y su resolución, nuestra propuesta de valor y el email de confirmación.

4.- Si no hay fruto, re-plantearse todo y volver a empezar.

26. Manejar clientes enojados

Algunas veces nuestros clientes tienen razones fundadas para estar enojados y otras veces, aunque no las tengan, puede que tengan unas expectativas de la relación con nosotros que les haya dejado defraudado y eso le produzca enfado.

¿Cómo tratar esto?

Sea lo que sea, nuestro primer objetivo será convertir el enfado del cliente en un estado de ánimo más afable para poder tener una conversación positiva. Y para ello, lo primero es intentar "conectar" con el estado de ánimo del cliente y sus patrones de comportamiento.

Esto puede sonar raro al principio pero, como se ha comentado en algún que otro artículo, a las personas nos gusta relacionarnos con los que son afines a nosotros y la mejor forma de conseguirlo con los no-afines es mimetizarnos con su estado de ánimo.

Parece extraño pero hay que compartir su enfado, entenderlo y dar la sensación de que estamos alineados con el cliente y tenemos nivelados nuestros estados emocionales.

Y empezaremos haciendo con frases de empatía como la siguiente:

"Sr. Blanco, entiendo su enfado y yo mismo estoy enojado por esta situación que le ha producido a usted ese enfado. Ahora mismo me voy a poner 100% con su caso para darle una respuesta positiva lo antes posible".

Para decir esto no hay que poner voz amable o suave sino en el mismo tono de energía que el cliente está usando. Así conseguiremos credibilidad.

27. Hay que quitarse presión

Cerrar operaciones y conseguir la firma de los pedidos de los clientes suele ser divertido y produce una gran satisfacción.

Sin embargo, no cerrarlos nos lleva a la tristeza y al pesimismo, que no son las armas apropiadas que un vendedor debe portar para vender.

Hay que quitarse presión en cerrar operaciones y reforzarnos en generar más contactos y motivarlos adecuadamente.

Tratar de ver las cosas "desde fuera" suele ser un buen sistema para la objetividad.

PASA A LOS CLIENTES LA RESPONSABILIDAD DE RESOLVER LOS PROBLEMAS Y DEDICATE A CUALIFICAR BIEN, RELAJATE Y CERRARAS MAS OPERACIONES.

28. ¡No discutas!

Cuando estés conversando con el cliente sobre los pros y contras de una solución, se pueden producir momentos de discusión. Algunas recomendaciones para avanzar positivamente en la negociación son:

- Controla la situación y compórtate con frialdad.

- Plantea tus ideas pero no rechaces las suyas. Es mejor reformular sus ideas para parecer menos agresivo y aceptar solo lo que estés de acuerdo.

- Evitar la palabra PERO pues crea enfrentamiento. Evita el "Sí, pero...". Es mejor ser positivo y decir: "además, yo añadiría ...". Dará la impresión de que escuchas y eres constructivo.

NO ACEPTAR ARGUMENTOS DEL CLIENTE NO SUPONE ENFRENTARSE A ELLOS

29. ¡Pisa fuerte!

Estudios sobre el comportamiento nos han enseñado que más del 50% del significado inconsciente de nuestros mensajes provienen de pistas que dan nuestros gestos faciales, posición y postura de nuestro cuerpo.

Por eso, cuando vayas a presentarte delante de un cliente empieza por una postura que genere confianza: Estate firme, con los brazos relajados y tus pies cuadrados pisando firmemente en el suelo.

Ahora es el tiempo de los gestos.

Balancear el cuerpo de un pie a otro demuestra falta de confianza. Esto e inconsciente y puede reflejar en el cliente una sensación de no creer en nuestro mensaje o propuesta por nuestra parte.

PRACTICA LAS POSTURAS MAS NATURALES AL HABLAR HASTA ENCONTRAR LA QUE TE HAGA SENTIRTE MAS SEGURO Y TRIUNFA CON ELLA.

30. Cómo mejorar las reuniones de ventas

La reunión de ventas es absolutamente fundamental para dirigir la actividad de nuestros vendedores. Es recomendable hacerla, como mínimo, una vez a la semana, preferentemente los viernes para no cortar el posible ímpetu con el que empieza la semana.

Los objetivos a perseguir en la reunión son:

1.- DE DONDE VENIMOS: Actualizar los datos de la previsión hecha en la reunión anterior, comentarlos y analizarlos para buscar y solucionar los posibles errores o fallidos ocurridos. Estudio del embudo de ventas.

2.- A DONDE VAMOS: Fijar una previsión para la semana siguiente así como las acciones necesarias para ello.

3.- QUÉ SOMOS: Informaciones varias, aclaración de dudas y motivar a los vendedores.

Los datos a presentar deben ser lo más objetivos y concisos posibles, para no perder el tiempo en apreciaciones. Es recomendable la representación de los datos mediante herramienta gráfica tipo Excel y Powerpoint. Y los análisis y resultados deben ser expresados y comparados en cantidades medibles reales para no caer en discusiones no productivas.

31. Cómo logar una venta exitosa

La competencia es cada vez mayor y los clientes cada día están mejor preparados y tienen acceso prácticamente ilimitado a toda la información. Por eso, hoy día es más que necesario tener un programa de actuación con los clientes para trabajar de una manera más efectiva:

1. **Prospección y Planificación:** Hay que hacer una buena prospección preparando con antelación el guión de la llamada, el desarrollo de la entrevista y tener controlados todos los argumentos de venta y las posibles objeciones a resolver. En caso de llamada, es mejor que sea por las mañanas por encontrarse los clientes menos agotados y más receptivos.

2. **Visita al cliente:**

    a.- Lo primero y primordial, conocer las necesidades del Cliente y, para ello, preguntar, hablar poco y escuchar activamente y mucho. Tomar notas de vez en cuando, preferiblemente en papel pues daremos mejor impresión de escucha activa que con escribiendo en un ordenador o tablet.

      b.- Si hubiera lugar, presentar una propuesta o preliminar de oferta y fijar una nueva cita para posterior visita donde ampliar datos pedidos o entregar oferta personalizada (si no hemos obtenido un compromiso por parte del Cliente es muy difícil que podamos pasar a una nueva etapa de venta con él).

    3.   **Oferta final:** Una vez superados los pasos anteriores y teniendo claro que nuestra oferta satisface las necesidades del Cliente aportando beneficios y/o ventajas, es hora de presentar la oferta al Cliente. La confianza y credibilidad deben ser dos rasgos a mostrar cuando presentemos la oferta al Cliente. Y, además, no olvidar explicar la oferta en vez de solo leerla.

    4.   **Precio:** Recuerda que el precio no debe ser una objeción final pues, si lo fuera, significaría que:

- No hemos hecho bien el trabajo previo.
- No estamos presentando una buena propuesta de valor para el Cliente.
- El Cliente no percibe que nuestra propuesta le aporta beneficios superiores al precio de nuestra oferta.

    5.   **Cierre:** Si todo lo anterior está bien hecho, el cierre se debe dar por sí mismo. Si no, o si surge algún imprevisto, no está de más conocer alguna técnica de cierre que nos permita apoyarnos en algún detalle para animar al Cliente a dar el salto. Pero no tenemos que volvernos locos pues la mayoría de las veces basta con decir al Cliente algo parecido a: ¿Con tarjeta o con dinero?

32. Conseguir la cita en la venta de servicios

Cuando queremos tener acceso a un interlocutor de nivel Directivo suele ser frecuente que la recepcionista o la secretaria actúen del filtro. Y una de las mejores técnicas para saltarse ese filtro es el Método de la Respuesta-Pregunta, que trata simplemente de, ante la pregunta de un filtro, responder con otra pregunta y pasar la pelota. Veamos la misma conversación de 2 formas diferentes:

A.- Modo respuesta con frase afirmativa:

<u>Vendedor</u>: *"Buenos días. Quisiera hablar con el Sr. López."*
<u>Filtro</u>: *"¿De parte de quién?"*
<u>Vendedor</u>: *"Dígale que soy Francisco Sierra".*

B.- Modo respuesta con frase interrogativa:

<u>Vendedor</u>: *"Buenos días. Quisiera hablar con el Sr. López".*
<u>Filtro</u>: *"¿De parte de quién?"*
<u>Vendedor</u>: *"¿**Podría decirle que** tiene al teléfono a Fernando de Juanes?"*

MAGICO. En el modo A lo más probable es que el filtro nos haga otra pregunta del tipo: ¿De qué empresa llama? En el tipo B claramente evitamos un NO que sería muy violento por su parte además de que es más difícil que el filtro nos responda con una contra-pregunta.

Si se diera el caso de que nos hace una segunda pregunta (¿De qué empresa llama?) veamos la diferencia entre dos respuestas diferentes:

<u>Respuesta 1</u>: *"Le llamo de Publicidad Ghiloni".*

<u>Respuesta 2</u>: *"¿**Le puede decir que** mi empresa es Publicidad QS?".*

Como antes, es imposible que a la Respuesta 2 responda con un no, pues filtros no suelen decir que no a las preguntas y lo más normal es que nos pasen directamente. Si hubiéramos dado la respuesta 1 lo normal es que la secretaria habría hecho otra pregunta de filtro. Vamos a verlo:

<u>Filtro 3</u>: *"¿Y sobre qué asunto querría usted verle?"*

<u>Respuesta-Pregunta</u>: *"¿**Me haría usted el favor de decirle que** le llamo por (asunto)?"*

Con este método evitamos, en su mayoría, las preguntas del filtro y le forzamos a pasarnos con el contacto deseado

33. ¿Gastamos demasiado tiempo con los clientes?

Según una encuesta de SEC Solutions entre 10.000 vendedores en el entorno B2B ha habido una variación en el tiempo dedicado por los vendedores:

- De preventa y postventa se ha incrementado un 15%.
- De llamadas de seguimiento ha bajado un 32%.
- El tiempo dedicado a actividades no directamente relacionadas con la venta (administración, reuniones,..) se ha incrementado un 21%.
- Ha aumentado un 82% el dedicado a implicar a especialistas o sus propios directores en la negociación con clientes.
- Ha aumentado un 42% el tiempo dedicado a planificación de las llamadas.
- TODO ELLO HA OCASIONADO **UNA BAJADA DEL 26% EN EL TIEMPO DEDICADO A ESTAR FRENTE A LOS CLIENTES**.

Los vendedores pasan ahora menos tiempo frente al cliente (haciendo presentaciones, negociando, mostrando producto, investigando, cerrando pedidos, ...) mientras que pasan más tiempo preparando las estrategias y negociaciones en la oficina o con sus propios directores.

¿Es negativa esta tendencia, este cambio? No necesariamente.

Hemos pasado de una época donde unos clientes poco o nada informados recibían a los vendedores como agua de mayo para enterarse de las soluciones, verlas y tomas una decisión.

Ahora es el cliente el que investiga en Internet, colegas, redes sociales,... y tiene un 60% de la decisión tomada respecto a qué necesita, esperando de los diferentes vendedores le aporten las dudas restantes referentes a cumplimiento de cada uno con esa necesidad, plazos de cumplimiento, condiciones económicas, etc.

Ahora las negociaciones son más duras, no vale especular, todo debe estar basado en la verdad y la confianza. La información ahora es del cliente. Esto obliga a las empresas a un replanteamiento total de estrategia de venta, publicidad, posicionamiento explicativo en Internet, investigación de necesidades, segmentación de clientes y definición de oferta con valor añadido.

¿Le queda margen de negociación al vendedor ante un cliente plenamente informado? Por supuesto, siempre que se cumplan 3 condiciones:

1.- El vendedor ha trabajado al cliente en cuanto a las necesidades que éste tenga remarcando dónde necesita el cliente un aporte de valor añadido.

2.- El vendedor presenta una propuesta diferenciada de valor añadido para el cliente (valor para la empresa o su producto, el coste, el prestigio, su oferta técnica, su acceso al mercado, etc.).

3.- El vendedor tiene habilidades innatas suficientes para saber inclinar la balanza a su favor o aportar nuevos elementos necesarios que refuercen su postura en el proceso de decisión.

Los mejores vendedores no han incrementado sus visitas y van visitando cada vez más clientes quemando oportunidades y cerrando puertas. NO. Están estudiando los negocios de sus potenciales clientes y qué necesitan los clientes para mejorar. Tras esto, tiran de los recursos de su empresa, planifican y preparan una oferta diferenciada.

¿Es el fin de los vendedores? NO. Es la hora de los mejores, de los que saben presentar una oferta diferenciada y persuasiva basada en lo que realmente necesitan los clientes.

34. Qué hacen mal algunos vendedores

"Con un buen guion se puede hacer una buena película. Con un mal guion es imposible" (Alfred Hitchock)

• **No dedican el tiempo necesario a preparar** bien las llamadas y menos las visitas. Ni reúnen suficientes datos sobre el cliente ni sobre los diferentes competidores que puedan ofertar ahí.

• **No hacen formación** ni auto-formación continua y se siguen utilizando los mismos pasos, técnicas de cierre, preguntas y salvedad de objeciones de siempre. La relación con el cliente es monótona. No es ni provocativa.

• Se apresuran a enviar una oferta y luego, a la menor dificultad, **pierden la comunicación con el cliente** para el seguimiento.

• **Hacen solo la venta de su producto** sin interesarles lo que el cliente necesita.

• Hacen solo la venta de su producto sin interesarles si la solución aporta algo de valor diferenciado o beneficio al cliente.

• **Pierden el mismo tiempo** con todos los clientes, sean compradores o no.

• Delante del cliente **no escuchan**, solo hablan.

35. ¿Venta Provocativa?

Según el libro "The Challenger Sale" editado por Corporate Executive Board, ¿qué perfil de vendedor tiene más éxito en la venta compleja?:

        4% El que crea relaciones
        7% El que resuelve problemas
        10% El que trabaja duro
        25% El lobo solitario
        54% El retador, "provocador"

Si ya era difícil antes la venta cuando menos del 20% del presupuesto de compra de una empresa estaba sin asignar y había que luchar en ese hueco, ahora con la crisis actual ya no hay presupuestos asignados para compras. Además, esto ocasione que cualquier oferta sea mirada con lupa y haya más gente envuelta en la aprobación del gasto.

Pero en crisis hay que sacar nuestro ingenio a la calle y muchos vendedores han encontrado un modo de llegar a los recursos de la empresa y conseguir una aprobación extraordinaria de presupuesto para su oferta y de manera urgente. ¿Cómo? Con la venta basada en la provocación, para persuadir a los clientes de que la solución del vendedor es fundamental para la supervivencia de la empresa, no decaigan los beneficios, porcentaje de negocio, etc.

¡CUIDADO CON LA PALABRA PROVOCACION! No significa violencia sino proactividad.

En este tipo de venta:

1.- Es el vendedor quien identifica un problema sobre algún proceso o aspecto que sea esencial o importante para el cliente.

2.- El vendedor desarrolla ese problema y lo agranda haciendo énfasis en que de seguir por ese camino, las cosas para el cliente irían claramente a peor: *"De seguir así, su cuota de mercado en ese sector caerá un 8% en un año y eso podría ser dramático"*.

3.- El vendedor lleva al cliente hacia su propuesta enfatizando que es la solución para que el proceso del cliente no empeore.

Este tipo de venta necesita de un departamento de marketing que sepa estudiar, analizar, adaptarse y dar solución con planteamientos provocativos.

Se trata de "perturbar" a los directivos de las empresas-cliente, meterles la duda en el cuerpo presentando verdaderos problemas, bien argumentados y documentados al mismo tiempo que preparando las soluciones que nuestra empresa le puede aportar.

¿Cómo de hace todo esto?:

1.- Investigando bien al cliente en todos los departamentos posibles de su empresa.

2.- Atacando al cliente de modo directo, tratando de que el cliente no se ponga a la defensiva sino que afronte el problema y asigne presupuesto urgente para solucionarlo. Es bueno hacer prácticas previas tipo role-playing para coger el punto justo de provocación y salvar las diferentes objeciones que puedan plantearse.

Pero, ¡CUIDADO! A partir de ahora no todo va a ser venta provocativa. Esta es muy singular, necesita recursos y será adecuada en determinadas circunstancias. No podemos basar toda nuestra relación con el cliente en la existencia de problemas que generen peligro para conseguir una venta rápida. Este tipo de venta tiene sentido por una oportunidad que en un momento determinado hay que aprovechar.

36. ¿Por qué compra realmente la gente?

La gente compra **por sus propias razones, no por las del vendedor. Esas razones solo afloran si ESCUCHAMOS.**

Por estadística el 80% del tiempo está hablando el comercial (seguridad, control del momento, se cree que es lo que desea el cliente) y lo hace con afirmaciones, no con preguntas.

PREGUNTAS ... sss ... RESPUESTAS ... sss ... PREGUNTAS ... sss .
(Sss= **silencio**, relajación, el cliente piensa, el vendedor da la impresión que escucha, las respuestas son más largas)

¿Qué tenemos que tener en cuenta para vender más?:
- El romper el hielo al principio no forma parte de la venta en sí.
- Hacer primero la venta del producto es probablemente el error que más a menudo se comete al vender.

- No hay que preguntar para forzar respuestas.
- ESCUCHAR MÁS QUE HABLAR.
- Hacer la pregunta (4 segundos) y callarse para escuchar activamente. Tras esto el silencio de oro (pero que no se convierta en silencio de plomo)

ANEXO VI

Auto-test sobre negociación

¿ERES BUENO RESOLVIENDO CONFLICTOS?

*Respóndete a ti mismo, con la máxima sinceridad, sobre qué comportamientos consideras se ajustan más a cada pregunta. Las opciones son: **S**iempre, **C**on frecuencia, **A** veces, **R**aramente.*

	S	C	A	R
1.- Cuando entro en negociación solo pienso en que ganemos las dos partes.				
2.- Siempre que hay un conflicto trato de controlar mis emociones y las de los demás antes de entrar en la posible resolución.				
3. Cuando detecto diferencias de valores con otras personas lo primero que hago es tratar de entenderlas con respeto.				
4.- Cuando tengo diferencias con alguien lo trato con él solo con criterios objetivos.				
5. No actúo a la ligera ante los problemas sino que antes los evalúo para entresacar las verdaderas causas que los originan.				
6.- Cuando hay problemas trato de solucionarlos dando importancia a mantener la buena relación con la persona.				
7. No tomo a la ligera lo que me dicen sino que escucho hasta entender el punto de vista del otro.				

8. Cuando tengo diferencias con alguien mi primera actitud es establecer las reglas básicas de negociación.			
9. Cuando negocio o interactúo trato de evitar el sarcasmo, la ironía, impertinencia y las malas formas.			
10. Para buscar soluciones suelo promover el brainstorming del grupo.			
11. Espero a que se calme el ambiente para abordar los problemas.			
12. Mi prioridad es que la otra persona hable y se explique y yo hago escucha activa sin interrupción preocupándome por entenderle.			
13. Siempre dejo claro que mi punto de vista es solo mío y no general.			
14. Soy de la opinión que todos los conflictos se pueden resolver si el beneficio es mutuo.			
15. Cuando hay un conflicto suelo pensar en los intereses de la otra persona.			

Tú mismo te corriges el test. Evidentemente, cuantas más veces has contestado que "Siempre" más efectivo eres en cuanto a la resolución de conflictos (o lo podrías ser y no lo estás aplicando adecuadamente).
El promedio de respuestas a este test refleja que todos necesitamos áreas de mejora. Identifícalas y ¡a la acción!

ANEXO VII

Bibliografía

A continuación, una lista de libros interesantes para aprender, profundizar y coger conocimiento sobre el noble arte de la venta.

Por supuesto que hay muchísimos más. A veces, no hace falta leer libros pues en Internet hay muchísimo material sobre ventas, por ejemplo en Harvard Business Review y en muchas páginas web de consultoras internacionales importantes.

También, hay multitud de blog en español e inglés con artículos y recomendaciones sobre ventas, sin olvidar las redes sociales como Linkedin donde hay grupos sobre ventas con auténticos volúmenes de sapiencia.

Por último, no pongo la editorial porque, en algunos, hay varias y hoy con Internet su búsqueda es muy fácil.

- *"El libro rojo del Director comercial"*, de Francisco J. Ruiz Torre.

- *"La Venta Conceptual"*, de Robert B. Miller & Heimann.

- *"La Venta Estratégica"*, de Robert B. Miller

- *"El Arte de negociar y persuadir"*, de Allan Pease.

- *"Cómo ganar amigos e influir sobre las personas"*, de Dale Carnegie.

- *"El lenguaje del cuerpo"*, de Allan Pease.

- *"SPIN Selling"*, de Neil Rackham.

- *"Experiencia de un vendedor"*, de José Luis Cerrolaza.

- *"Aprende a no vender (Venderás más)"*, de José Luis Cerrolaza.

- *"You can always sell more"*, de Jim Pancero.

- *"Never eat alone"*, de Keith Ferrazzi

- *"The ultimate sales machine"*, de Chet Holmes.

- *"El ejecutivo al minuto"*, de Kenneth Blanchard.

- *"Selling to the C-Suite"*, de Nicholas A. C. Read.

- *"Selling to anyone over the phone"*, de Renee P. Walkup.

- *"Análisis transaccional en psicoterapia"*, de Eric Berne.

- *"El arte de cautivar"*, de Guy Kawasaki.

- *"Obtener el SI"*, de R. Fisher y W. Ury.

- *"Supere el NO"*, de William Ury.

- *"Cómo negociar con éxito"*, de Gavin Kennedy.

- *"Piense y hágase rico"*, de N. Hill.

oooOOOooo

ANEXO VIII

Curriculum Vitae del autor
FRANCISCO J. RUIZ TORRE

DATOS PERSONALES	
	<ul><li>Domicilio: Alicante</li><li>email: info@laventaperfecta.com</li><li>web: laventaperfecta.com</li><li>Más de 30 años de experiencia en ventas.</li></ul>

EXPERIENCIA

2011-   **LIDERIS Consult**
- Asesoría en Dirección Comercial y Formación en ventas y estrategia comercial, ayudando a empresas de diferentes sectores a vender mejor y más.

1985-2011   **Hewlett-Packard, Ibermática, Grupo Alicante Urbana, etc.**
Más de 25 años como comercial y Director Comercial

- Creación de redes de agentes nacionales e internacionales.
- Dirección de equipos comerciales con éxito.
- Apertura de oficinas comerciales a nivel nacional e internacional.
- Vendedor senior en diversos sectores.

EDUCACIÓN

Universidad del País Vasco - **Ingeniería Superior Industrial**
IDE-CESEM - **MBA en Dirección Marketing&Comercial**
- Otros cursos: Método Kepner-Tregoe, Venta Conceptual y Estratégica, Análisis Transaccional, Método SPI, etc.

PUBLICACIONES

Autor de los siguientes libros:
- "EL LIBRO ROJO DEL DIRECTOR COMERCIAL"
- "VENDEDOR EN VENTA"
- "VENTA PARA DESPACHOS PROFESIONALES"
- "DIRECCION DE VENDEDORES"
- "YO, ASESOR EN DIRECCION COMERCIAL"

PROFESOR DE VENTAS Y ESTRATEGIA COMERCIAL

- Profesor de numerosos cursos a vendedores, directores comerciales, despachos profesionales.

- Profesor de Dirección Comercial en el Master de Marketing de la Universidad de Alicante.

- Profesor de Dirección Comercial en el MBA de la Escuela de negocios FEDA, de la Federación de Empresarios de Albacete.

www.ingramcontent.com/pod-product-compliance
Lightning Source LLC
Chambersburg PA
CBHW031618210526
45464CB00004B/1641